LE SECRET DE MARTHE ROBIN

Paroles inédites

Du même auteur

À la découverte du Dieu Amour,
Presses de la Renaissance, 2004.
Marie, de cœur à cœur,
Presses de la Renaissance, 2006.

Père Jacques RAVANEL

LE SECRET DE MARTHE ROBIN

Paroles inédites

Préface de Mgr Didier-Léon Marchand

PRESSES
DE LA
RENAISSANCE

Ouvrage réalisé
sous la direction éditoriale d'Alain NOËL
et de Danielle NOËL

Imprimatur : Annecy, le 14 septembre 2007
Mgr Yves Boivineau, évêque d'Annecy

Si vous souhaitez être tenu(e)
au courant de nos publications,
envoyez vos nom et adresse, en citant ce livre,
aux Éditions des Presses de la Renaissance,
12, avenue d'Italie, 75013 Paris.
Et, pour le Canada,
à Interforum Canada inc.,
1055, bd René-Lévesque Est,
11e étage, bureau 1100,
H2L 4S5 Montréal, Québec.

Consultez notre site Internet :
www.presses-renaissance.com

ISBN 978-2-7509-0388-6

Préface

LE PÈRE RAVANEL, FONDATEUR DU FOYER DE CHARITÉ DE LA FLATIÈRE, et successeur du père Finet comme responsable des Foyers pendant plusieurs années, n'a cessé d'être la cheville ouvrière essentielle pour la réussite des Foyers de Charité. Il a su réaliser avec une efficacité apostolique, que tout le monde reconnaît, ce que Marthe Robin avait découvert dans son cœur à cœur avec le Seigneur.

En cette année où se célèbre le cinquantième anniversaire de la fondation du Foyer de La Flatière, il est important que le père Ravanel laisse parler son cœur en nous introduisant dans le « secret de Marthe ». Témoin authentique de Marthe et de la réalisation de son « œuvre », le père Ravanel nous parle d'elle avec grande simplicité. Il nous fait part de ce qui l'a frappé dans ses premières rencontres avec cette femme hors du commun. Il nous fait toucher du doigt le discernement et l'audace apostolique de cette petite paysanne de la Galaure, dans la Drôme, remplie de l'amour et de l'Esprit de Celui qui est présent dans toute sa vie :

son Seigneur Jésus-Christ. Merci au père Ravanel de nous révéler ce qu'il sait et qu'il a de quelque façon expérimenté. Merci de nous faire entrer dans la vie spirituelle de Marthe, dans sa mystique vécue à travers une vie ordinaire, marquée par la souffrance et la joie, par la sainteté et le bon sens, par les rencontres et la solitude. Comme l'écrit si bien le père Ravanel, « Marthe assumera une magnifique synthèse entre douleur et joie, souffrance et paix, tandis qu'elle demeurera en communion avec la Passion et la Résurrection unie à la Trinité ». Dans sa « compassion », sa passion unie à celle du Christ, nous découvrons une Marthe « envahie d'amour », dans un bonheur qui lui permet de se perdre en Dieu.

C'est un délice de se laisser pénétrer, à la suite du père Ravanel, par ces très beaux textes de Marthe qu'il nous offre. On le sait, Marthe n'écrivait plus lorsqu'elle faisait cette expérience mystique de se laisser transformer par le Seigneur. C'est pourquoi on prenait des notes quand elle parlait. Je pense, et le père Ravanel le rappelle, à son curé, M. l'abbé Faure. Ce bon curé avait demandé à son évêque de n'avoir jamais à s'occuper de mystiques, et voilà qu'en allant visiter cette jeune malade, il découvre la profondeur spirituelle de sa paroissienne. Il prend des notes, les consigne dans de petits carnets. Ces notes sont d'une très grande richesse spirituelle. Puis, des personnes qui servent de secrétaires à Marthe écrivent aussi ce qui va devenir son carnet intime. Ces écrits révèlent l'âme de Marthe. Merci au père Ravanel de nous introduire dans ce trésor spirituel. Il le fait avec humilité et vérité. Il le fait d'autant mieux qu'il connaît ces écrits et qu'il a une expérience personnelle liée à ses rencontres avec Marthe et le père Finet. Il le fait aussi en tant que fondateur d'un foyer de lumière, d'amour et de charité, intuition originale de Marthe, ou plutôt révélations du Seigneur à Marthe.

Ce livre mérite plus qu'une simple lecture. Il invite à une véritable méditation. En lisant ce livre, nous sommes plongés dans cette lumière qui enveloppait Marthe, tellement l'authenticité et la vérité de sa vie étaient éclairantes. Quiconque a visité Marthe une fois ou l'autre ne me démentira pas. Dans son petit divan de souffrances et d'offrande comme dans ses écrits, aujourd'hui, elle montre un chemin, celui qu'elle a emprunté, celui d'une immense intimité avec son Seigneur. C'est son amour qui illumine sa vie, son amour et son offrande, son abandon dans les mains de Dieu.

La vie spirituelle de Marthe ou son expérience mystique est d'une grande richesse pour les hommes de ce temps. Marthe est une contemplative. Enfant, elle trouve Dieu dans la beauté de la nature. Puis elle va tellement contempler son Seigneur qu'elle lui deviendra semblable. Grâce au père Ravanel, on peut suivre ce chemin de contemplation de Marthe à tous les âges de sa vie. Sa rencontre transfigurante avec son Seigneur, due à sa contemplation, mûrira au fur et à mesure de son « abandon » dans les mains de Dieu. Cette contemplation de Marthe l'engage tout entière. Son corps lui-même sera marqué par la Croix qu'elle embrasse, tellement elle disparaissait dans la Croix de Jésus qui devenait sa Croix... Marthe a vécu la plénitude de la joie dans un amour où elle voulait porter la Croix avec Jésus.

Dieu est Amour. Ce livre nous fait découvrir la présence de ce Dieu Amour en Marthe. Le combat qu'elle mène en est un des aspects visibles : lutte en elle-même, lutte contre le mal et le Malin. Lutte héroïque, mais toujours vécue dans l'extase, la rencontre profonde et vraie du Seigneur. À la manière de saint Paul, elle ne vit plus, mais c'est le Christ qui vit en elle. L'amour de Dieu en Marthe transfigure toute souffrance, et c'est ainsi, comme disciple de Jésus, qu'elle rend gloire au Père. Alors la joie habite Marthe, la joie pour laquelle Jésus a prié, afin que ses disciples aient en eux sa Joie.

Il est bon aussi, sous la plume du père Ravanel, de percevoir Marthe dans l'ordinaire de la vie. Et cela est passionnant pour entrer plus avant dans la connaissance de sa relation aux autres. La contemplation de son Seigneur l'amène à une certaine « contemplation » des autres. Ses visiteurs, nombreux, ont bien reconnu que Marthe les aimait et leur parlait au cœur. Sa manière d'aider ses visiteurs en leur faisant découvrir ce qu'il y avait de meilleur en eux, sa charité concrète, par exemple avec les prisonniers, sa foi solide, son espérance indéracinable sont autant de chemins pour approcher la richesse spirituelle de Marthe. Le propre témoi-

gnage du père Ravanel et ceux des témoins qu'il cite sont pleins d'enseignements. Il ne s'agit pas de théories, mais des actes de Marthe, à la suite des Actes des Apôtres. Enfin, c'est le témoignage de Marthe elle-même que le père Ravanel nous fait accueillir, comme œuvre de Dieu à travers « la petite Marthe ».

Marthe a été et est encore pour beaucoup un exemple qui s'inscrit dans la vie de chacun. Je pense à ces grands handicapés physiques, dont j'avais présidé le pèlerinage international à Lourdes et qui me disaient : « Marthe nous aide à vivre, parce qu'elle a été comme nous une grande handicapée qui a su faire quelque chose de ses souffrances, jusqu'à les porter dans la joie. » N'est-ce pas là aussi un beau témoignage ?

Merci au père Ravanel de nous avoir fait plonger dans le secret de Marthe. Avec elle et avec Marie, sa « Maman chérie » qu'elle aimait tant, nous pouvons dire : « Mon âme exalte le Seigneur… Il a regardé l'humilité de sa servante. »

Mgr Didier-Léon Marchand,
évêque émérite de Valence
le 15 août 2007

Introduction

DEPUIS DE NOMBREUSES ANNÉES, je souhaitais dans mon cœur de jeune prêtre accueillir, à l'abri d'un vieux chalet de montagne, quelques personnes qui goûteraient l'Amour du Seigneur face à la beauté silencieuse de la chaîne du Mont-Blanc. Une possibilité matérielle m'étant offerte, je fus invité à me rendre au Foyer de Charité de Châteauneuf-de-Galaure, dans la Drôme, au mois de septembre 1955.

La fondation d'un Foyer de Charité était-elle envisageable dans les Alpes ? « Marthe Robin a dit que c'était souhaitable ! » me précisa le père Finet à la sortie de ce premier entretien. « Dans ces conditions il ne faut pas hésiter, à vous d'agir ! » Et ce qui avait été dit se réalisa dès 1957 à La Flatière.

Aujourd'hui encore, je garde un souvenir précis de cette première rencontre. Comment ne pas m'émerveiller du discernement de

Marthe et du père Finet quand je constate aujourd'hui le fruit de l'œuvre du Seigneur ? Mais qui était cette humble et si efficace malade, paralysée, qui me recevait dans le clair-obscur d'une chambre enveloppée de ténèbres puisque ses yeux douloureux ne pouvaient supporter la brillance de la clarté du jour ? Une atmosphère de sérénité spirituelle imprégnait le lieu que je quittais, la présence du Seigneur pacifiait mon âme. L'intensité de son Amour m'indiquait la route. Une joie divine inondait mon cœur, me faisant envisager l'avenir dans le souffle d'une brise légère, comme Élie au sortir de sa grotte. (1 R 19, 11-13). Je songeais aux paroles de Jésus : « Je vous la laisse ma paix, c'est ma paix que je vous donne » (Jn 14, 27). Ces phrases prononcées par le Christ préparaient les apôtres à la Passion et me plongeaient dans l'approfondissement du Mystère de la Croix. Je savais que Marthe vivait dans une communion intense et mystique le drame de la souffrance de Jésus rejeté par les hommes.

Ayant objecté au père Finet que je trouvais cette décision un peu rapide, il me précisa : « Il y a quelques semaines, à l'issue d'une passion, Marthe m'a confié que le Seigneur lui avait fait comprendre que l'heure de Dieu était arrivée, que des prêtres allaient venir et que de nouveaux Foyers allaient naître. Je n'ai pas été vous chercher… vous êtes là ! » Ainsi le Foyer de Charité de La Flatière naissait de la prière intense de Marthe au cours de l'une des passions qu'elle assumait chaque semaine.

Déjà surgissait en moi une interrogation : je venais d'expérimenter la plénitude de Dieu, la profondeur de la sérénité divine, et se profilaient, à un horizon proche, la violence de la passion et la présence douloureuse du Crucifié. Comment concilier la joie et la souffrance dans l'Amour de Dieu ?

Marthe ne me parlait jamais d'elle-même ni de sa relation avec Dieu. Je considérais cela normal, c'était le « secret du roi » (Tb 12, 7). Aurais-je compris son cœur plongé dans les profondeurs de l'union mystique avec Jésus ?

Pour célébrer l'anniversaire de mes quarante ans, le père Finet m'invita à donner la communion eucharistique à Marthe. Je m'approchai d'elle et lui transmis le corps de Jésus. Pour elle, ce fut l'extase. Pour la première fois de ma vie, une chrétienne me rappelait la présence absolue du Christ dans l'eucharistie. Soudain Marthe ne nous parla plus, ne nous entendit plus. Elle pria toute la nuit qui suivit. Dans la fin de la matinée, je lui rendis visite. Qu'allait-elle me dire ? Pas un mot sur son intimité durant sa prière nocturne. Elle évoqua principalement les difficultés du ravitaillement des retraitants à

1 400 mètres d'altitude. Cette conversation fut pour moi un signe d'équilibre humain et d'authenticité mystique.

Jusqu'à la mort de Marthe en 1981, je n'avais que quelques pressentiments concernant sa relation avec Dieu. La rumeur publique ne cessait de me dire sa souffrance. Un leitmotiv revenait constamment : « Marthe souffre de plus en plus. » L'ombre de la douleur et de la Croix planait « sur la maison de la Plaine ». Respectueux, j'étais gêné intérieurement par ce poids de souffrance qu'il fallait porter, alors que tout mon être aspirait à goûter avec l'Église la vie, la joie et la résurrection. Je ne savais comment me situer théologiquement. Je ne parvenais pas à trouver un chemin équilibré entre la pesanteur du péché et l'épanouissement de la miséricorde divine, l'implacable douleur du monde et ses aspirations au bonheur.

Or, voici qu'après la mort de Marthe, le 6 février 1981, le père Finet ouvrit l'armoire qui était dans sa chambre pour ranger ses affaires. À son grand étonnement, il trouva une pile de cahiers d'écolier, ayant au dos la table de multiplication, comme on en trouvait en France en 1930. Il les ouvrit : c'était un journal intime rédigé par Marthe entre 1929 et 1932. J'en reproduis de nombreux passages dans cet ouvrage.

À la Toussaint 1928, deux capucins vinrent de Lyon pour prêcher une « mission » à la paroisse de Châteauneuf-de-Galaure. Selon la coutume de l'époque, les religieux visitèrent tous les malades. Découvrant la profondeur de cette humble paysanne de vingt-six ans, ils invitèrent le curé à suivre son évolution spirituelle. Résidant au presbytère de la paroisse, à deux kilomètres de la ferme des Robin, il demanda à Marthe d'écrire son journal afin de mieux percevoir ce que vivait sa paroissienne. Dans ces cahiers Marthe ne décrivait pas simplement sa souffrance mais évoquait des instants de grande joie. À titre d'exemple :

> « Nuit obscure et douloureuse ! Très vive impression de l'absence de Dieu en mon âme. Cependant malgré les ténèbres et la brume épaisse j'aime croire qu'il est là quand même, tout près, sans que je m'en doute [...]. Jésus me voulant abandonnée à Lui sans réserve, mon cœur est plein de l'amour de Jésus, c'est pourquoi mon âme est toujours immensément heureuse » (Journal intime, 3 février 1930).

Marthe parlait de joie, d'ivresse, de bonheur infini. Lorsque le père Finet me remit ces textes en septembre 1981, ce fut pour moi un émerveillement : je découvrais l'âme profonde de Marthe. Toujours habité par ce paradoxe de joie et de souffrance, j'aimerais partager avec vous la richesse de la vie spirituelle de Marthe : dans sa rencontre avec Jésus, dans l'affrontement de la souffrance humaine, dans le mystère de sa stigmatisation, dans la douloureuse Passion, dans la souffrance et la sérénité, dans sa vie telle que nous l'avons connue.

Je conclurai par le témoignage de Marthe.

Je vous souhaite d'entrevoir à travers ces pages la merveilleuse union de Marthe avec Jésus et Marie et de ressentir, comme Marthe, toute la joie et l'amour offerts par le Seigneur à toute personne.

I

La rencontre de Jésus

Une enfance heureuse

ADULTE, MARTHE A DÛ AFFRONTER à la fois la souffrance de sa maladie et celle du cœur du Christ dans la violence de sa Passion. Pour saisir une telle capacité d'amour, souvenons-nous que la première partie de sa vie fut une enfance heureuse et joyeuse.

Pendant seize ans, jusqu'en juillet 1918, dit le rapport médical de 1942 : « Mademoiselle Marthe Robin était une jeune fille comme les autres un peu frêle, un peu maladive » (Rapport médical, p. 12). Sa vie se trouve enracinée sur une base humaine physique et psychologique solide, en milieu rural. Elle découvre le monde dans une famille de six enfants vivant du produit d'une ferme modeste de 10 hectares à Châteauneuf-de-Galaure, dans la Drôme. Sans doute garde-t-elle une certaine fragilité due à l'épidémie de fièvre typhoïde, strictement familiale, en novembre 1903 alors qu'elle a vingt mois. Cela ne l'a pas empêchée de se rendre à l'école à cinq ans et de parcourir quatre kilomètres à pied par jour pour suivre les cours, prendre son repas de midi avec des camarades et rentrer le soir. « Elle resta à l'école jusqu'à treize ans et demi. Elle ne passa pas son certificat d'études parce qu'elle était malade au moment de la session et qu'ensuite elle n'a pas osé s'y présenter. Mais elle a continué à en suivre pendant un an les cours. C'était une bonne élève, moyenne, tenant le milieu de la classe » (Rapport médical, p. 3).

Marthe était une petite fille vivante, joyeuse, malgré ses ennuis de santé, espiègle. Tous ses biographes nous transmettent qu'elle aimait ses professeurs, en particulier sa directrice, « Madame Casal, qui parfois lui offrait une tasse de lait chaud à 10 heures. » On raconte aussi qu'elle avait pendu une queue de lapin dans le dos d'un homme à la foire de Châteauneuf. Marthe avait de beaux souvenirs, elle aimait rire et demandait souvent qu'on lui raconte des histoires pour la faire rire.

Marthe vivait dans une atmosphère saine et familiale. Elle aimait tous les siens :

> « J'ai eu peur du danger couru par les miens », confiait-elle au père Finet. « À onze ans j'ai volé à la bride d'un cheval qui partait, là en bas dans le pré, parce que les mouches le

piquaient. Mon papa était dans la voiture, j'ai bondi au coin de la maison au bas du pré : on m'a ouvert les doigts pour lâcher la bride du cheval tant j'étais crispée dessus. Si le cheval avait pris la descente, tout s'effondrait sans que papa ait eu le temps de sauter à terre. J'ai fait tourner la tête en le prenant et l'ai fait remonter en haut. Mon frère est arrivé ensuite pour le prendre » (Cahier 22, 18 novembre 1943).

Une voisine à la plume alerte décrivait le cadre dans lequel vivait Marthe : « La grande magilière enclavait la maison sur deux côtés. En juin la houle des herbes venait battre les murs, mousse légère des graminées où flottaient des corolles : marguerites blanches, sauges bleues, crêtes-de-coq et barbes-de-bouc jaunes, lychnis roses. Sur les bords, on cueillait la brise tremblante, pour nos bouquets d'hiver. À l'autre bout, une petite source où nous allions puiser l'eau fraîche en été, une serve où les femmes venaient rincer le linge, une autre serve où l'on mettait à rouir le chanvre. C'est au bord de sa rigole qu'on pouvait cueillir des myosotis couleur du ciel bleu et les étranges orchis pourpres. Le jardin me paraissait comme le Saint des Saints de notre petit domaine. Il contenait les essences précieuses, les fleurs inutiles. Il était beau le matin, encore mouillé de rosée, ou le soir, sous l'ombre des peupliers. Nous nous y attardions pour jouir de la paix. »

Elle précisait : « Parfois le ciel était habité de nuages légers, presque transparents dont les contours se faisaient et se défaisaient, traînant leurs ombres. Au coucher du soleil de longs nuages effilés remontaient le Rhône comme des poissons d'or. À l'est, chaque matin, un petit vent frais, la « matinière », nous restituait le soleil. Nous vivions avec nos ciels et nos paysages, aussi bien qu'avec notre pain et notre lait. Que dire des clairs de lune ? Aussi me suis-je toujours trouvée plus à l'aise dans le tourbillon des éléments que sur les trottoirs. »

Plusieurs ouvrages retracent l'univers de Marthe et donnent des précisions sur ses années d'enfance. Les voisins de Marthe ainsi que sa famille fréquentaient peu l'Église. Ils s'y rendaient surtout à Pâques, à la Toussaint et à Noël. Ces familles étaient très proches et l'entraide était toute naturelle. Marie-Rose Achard évoque aussi cet échange incessant entre les Achard et les Robin, en précisant qu'à cette époque ils vivaient presque en autarcie. Les voisins avaient une grande importance, ils étaient là pour vous aider en cas de besoin, lors des naissances, de la maladie, de la mort, au temps des corvées agricoles. Avec eux ils échangeaient des légumes, des semences, des œufs pour les couvées, un mâle pour les lapines et donnaient le surplus de miel et de fruits. Quand ils tuaient le cochon, à charge de revanche, ils leur portaient la fricassée sur une assiette dans un linge blanc : deux ronds de boudin, de la fressure, un morceau de filet mignon. Ils s'empruntaient le cuvier, une benne, le gaufrier. Chez l'un il y avait la machine à coudre, chez l'autre le métier à piquer les couvertures, ou le grand entonnoir. C'est chez les voisins encore qu'ils allaient le soir pour veiller.

C'est dans ce climat de solidarité naturelle que Marthe a été élevée.

L'hiver, après le souper, ils allaient les uns chez les autres pour la veillée. Ces moments en famille étaient très importants. Ils s'habillaient chaudement et partaient, dans la nuit noire, le long des chemins. Quand ils arrivaient chez les voisins, ils se blottissaient près du feu. Les enfants écoutaient les anciens parler de la guerre encore toute proche, du blé qui ne parvenait pas à mûrir, des récoltes. Les enfants jouaient sur le sol, ils sortaient de leurs poches des billes, des osselets et leurs éclats de rire perturbaient quelque peu les hommes qui s'étaient installés pour jouer aux cartes. Les femmes prenaient leur tricot pendant que d'autres préparaient de la pâte à crêpe épaisse, appelée « massepains », que les enfants se réjouissaient de faire sauter dans la poêle. Parfois des bals étaient organisés dans les maisons où il y avait des filles. Elles invitaient alors leurs amies des environs et les garçons s'invitaient eux-mêmes.

Monsieur Max Achard, qui était le fils du voisin, raconte : « Marthe adolescente était très gaie, toutes les femmes Robin étaient enjouées. Elles aimaient rire, la grand-mère paternelle était comme ça ; elle aimait voir les enfants s'amuser. Elle fredonnait l'air avec des paroles inintelligibles (le charabia), pendant qu'elle marquait avec ses mains le rythme du chant et de la danse. Le père Robin lui-même était joyeux. Il aimait la compagnie. Le 1er janvier, très rituellement, il faisait sa tournée pour souhaiter à tout le monde la bonne année. »

Tous les documents consultés par les biographes de Marthe concordent : son enfance révèle une personne équilibrée par la chaude et affectueuse atmosphère de sa famille paysanne. L'adolescente s'est épanouie dans les travaux des champs qu'elle n'appréciait que modérément mais les assumait dans des relations ouvertes avec les voisins du village. Elle aimait la vie, la joie et le travail sous toutes ses formes lorsque la maladie a bouleversé son existence.

L'atmosphère d'une famille chrétienne

Marthe a vécu à la campagne dans l'atmosphère d'une famille chrétienne sinon pratiquante, à l'inverse de sa voisine Marie-Rose Achard, dont les parents étaient de tradition libre-penseur. En arrivant à sa ferme des Moïlles, le père de Marthe avait fabriqué une croix et l'avait placée sur la porte d'entrée. Tout le monde se rendait à l'église pour les grandes fêtes où, enfant, elle entendait parler du Seigneur.

Avec ses sœurs, Marthe reçut une éducation chrétienne classique. Ce qui lui fut transmis était imprégné de formalisme et ne la prédestinait pas à une vie mystique. Comme ses sœurs, elle poursuivit une existence paisible selon le rythme des traditions et activités rurales. Tout en partageant la vie de famille, son âme d'enfant était cependant attentive aux lumières de l'infini.

> « Quand vous étiez enfant, répondait-elle au père Gilibert du Foyer de la Tarentaise, on vous a sans doute, comme à moi, parlé de Dieu. Et puis j'ai ouvert l'Évangile et j'ai vu que c'était le Père ! » (Note du père Gilibert).

Par contre, elle était peu nourrie par l'enseignement du catéchisme, qu'elle devait, selon la coutume de l'époque, apprendre par cœur. J'en ai consulté un exemplaire que Marthe aurait pu avoir entre les mains. C'était une synthèse théologique de la doctrine de l'Église, rédigée en termes abstraits faisant appel à la raison, sans référence au cœur. La présentation du Dieu Trinité n'utilise pas une seule fois le mot Amour.

À titre d'exemple voici quelques passages où sont indiquées les demandes et les réponses présentées aux enfants :

« Qu'est-ce que le mystère de la rédemption ?

— C'est le mystère de Jésus-Christ mort sur la croix pour racheter tous les hommes.

— Qu'est-ce que le mystère de la Trinité ?

— C'est le mystère d'un seul Dieu en trois personnes distinctes.

— Les trois personnes divines sont-elles trois Dieu ?

— Non, ces trois personnes divines quoique distinctes ne sont qu'un seul Dieu. »

Fort heureusement tout le monde priait au début et à la fin des séances de catéchisme : « Afin d'être docile et sage, Seigneur, donnez-moi votre Esprit, pour apprendre selon mon âge les vérités de Jésus-Christ. Esprit-Saint, faites-moi comprendre ce que vous allez m'expliquer mais en me le faisant apprendre faites-le-moi bien pratiquer. »

Ne nous étonnons pas de la réflexion de la servante du presbytère qui remarquait le comportement de Marthe : « Quand Monsieur le Curé l'interrogeait, elle allongeait le cou à droite, puis à gauche, elle séchait. » Par contre, une voisine transmettra une confidence de Marthe : « Petite fille j'ai toujours aimé le Bon Dieu. » Sa première communion à l'âge de dix ans, le 15 août 1912, fut une expérience spirituelle des plus fortes :

> « Je crois que ma communion privée a été une prise de possession de Notre Seigneur. Je crois que déjà Il s'est emparé de moi à ce moment-là. Ce fut une chose très douce dans ma vie » (Cahier 22, 18 novembre 1943).

Cette phrase laisse déjà entrevoir la démarche contemplative qui sera au cœur de son existence. Elle savait goûter le silence de la présence du Seigneur dans l'Eucharistie comme dans la beauté d'une soirée d'été éclairée par la douceur d'un soleil disparaissant peu à peu dans le lointain de l'horizon. « Je priais beaucoup plus en pensant qu'en parlant », dira-t-elle plus tard à Marie-Ange Dumas, l'une des deux premières institutrices de l'école.

Marthe est confirmée à l'âge de neuf ans en 1911, lors du passage de l'évêque dans la paroisse, le 13 mai, et fera sa communion solennelle le 21 mai 1914. Le cœur à cœur avec le Seigneur grandissait dans sa vie bien que sa famille ne la soutienne pas énormément dans cette recherche spirituelle.

La rencontre de l'amour de Dieu ouvre le cœur à l'amour d'autrui. Madame Robin veillait à ce que ses enfants sachent accueillir les plus démunis qui frappaient à la porte. La richesse du cœur de Marthe pour les pauvres s'est très vite exprimée à la maison car, à cette époque, de nombreux mendiants passaient par la ferme des Robin, offraient leur service et demandaient l'aumône. Madame Robin leur préparait un casse-croûte avec du pain, du beurre, une tranche de saucisson ou un morceau de fromage. Elle montrait l'exemple à ses enfants. Elle leur apprenait l'entraide et le partage en les invitant à se priver de gâteries pour les donner aux mendiants.

Les enfants regardaient la face barbue du mendiant s'épanouir. Ils y étaient d'autant plus sensibles qu'ils participaient à l'offrande. On sent une chaude ambiance familiale chez les Robin. Les sœurs de Marthe parlent de la tendresse que Marthe manifestait à sa mère souvent malade, toujours écrasée par le travail, prématurément vieillie par les six enfants qu'elle avait eus en treize ans. Les articles de *L'alouette* du mois d'août 1981 (revue des Foyers de Charité) nous rappellent que Marthe « ne pouvait quitter sa mère quand elle gardait le lit » :

> « Je pensais qu'on ne la soignerait pas assez bien, qu'on ne lui donnerait pas tout ce qu'elle voulait. Elle chérissait autant son père qui l'appelait ma "mimi". Il m'aimait tant, confiait Marthe : "C'était mon confident, il était bon." »

Jeune fille, Marthe participe activement aux travaux de la ferme. En 1916, elle a quatorze ans. Comme elle a quitté l'école au mois de juillet, elle va poursuivre au cours de l'année ce qu'elle faisait pendant les vacances scolaires. « À la maison, raconte sa voisine Marie-Rose Achard, élevée comme elle, nous étions censées être à la disposition de tout le monde, aller chercher l'arrosoir à la fontaine, apporter un fagot, tourner la meule pour aiguiser la lame de la faucheuse, donner du grain aux poules et ramasser les œufs, aller chercher des brindilles pour allumer le feu ou quelques feuilles de poireaux pour préparer la soupe. Partir seules dans les champs à la découverte de quelques belles plantes, ramasser des pommes de terre à la suite des hommes qui les arrachaient. La longue patience aussi quand on allait devant les bœufs pour les labours légers où l'on ne mettait pas le cheval en flèche, grignotant à coups de petits sillons l'étendue d'une éteule. »

L'abbé Boutherin raconte aussi que « lorsque Marthe conduisait ses bêtes non loin de l'église, de Saint-Bonnet ou de Châteauneuf, je ne sais, elle restait à jeun, elle laissait un moment le chien garder le troupeau, partait communier à la messe, puis elle revenait en mangeant un croûton de pain ». Marthe avait une préférence pour le travail à la maison, préparation des repas, ménage et repassage. Elle avait même gardé, dit-on, de son enfance, une vieille recette de pâtisserie, un gâteau de semoule, bon et très efficace pour les estomacs délicats.

J'ai découvert aussi des notes prises par le père Finet datées du 11 novembre 1943 où Marthe évoquait avec beaucoup de spontanéité les souvenirs de son enfance :

> « J'ai toujours énormément aimé le Bon Dieu comme petite fille. J'ai toujours énormément prié dans ma vie, et partout. Mes sœurs ne voulaient pas que je prie tout le temps mais je priais dans le lit surtout. J'ai toujours aimé la Sainte Vierge. Je priais la Sainte Vierge, je lui parlais surtout. Je lui disais des prières trouvées dans un gros Vespéral de mon grand-père, je disais aussi du chapelet [...]. J'étais pétillante tout de même ! J'ai été tiède pendant quelque temps vers l'âge de quatorze ans, mais ça n'a pas duré. J'ai dû avoir à ce moment-là la réaction de mes scrupules. [...] Je me confessais dans le confessionnal du côté de la Sainte Vierge. Je suis allée quelquefois à l'autre, du côté du mur, mais non du côté de la porte car je n'étais pas à mon aise : la foule était à côté. [...] Ces désirs de prière que j'avais étaient certainement quelque chose que Lui-même faisait en moi. [...] Je crois que je sentais le Bon Dieu : c'était plus que de la prière. D'ailleurs je la trouvais partout, dans la nature qui m'aidait beaucoup à Le voir à

travers elle, petite fille déjà. Je la trouvais dans le prochain et dans les prêtres en particulier. Sa personne m'incitait à la prière sans que l'on me dise rien : la vue des prêtres m'a toujours émue. Pourquoi ? Je ne devais pas comprendre. Qu'est-ce que j'avais de plus que les autres ? J'aimais beaucoup les malades et j'aurais franchi monts et vaux si on m'avait laissée faire pour aller voir un malade, non pour les soigner mais pour les aimer. D'ailleurs j'ai été toute tendresse même auprès de maman quand elle était malade. On ne pouvait m'enlever de son chevet, je ne pouvais pas la quitter même pour aller en classe. J'aurais voulu rester… quelquefois on cédait à mon désir quand on me voyait si malheureuse, c'était de l'égoïsme car je pensais qu'on ne la soignerait pas assez bien, qu'on ne lui donnerait pas ce qu'elle voudrait. Une fois maman m'avait demandé des fraises. Il n'y en avait pas au jardin. Je suis allée en chercher au bois puis j'ai passé sur une vipère, je lui ai marché dessus et elle ne m'a pas mordue. Elle m'a couru après sans pouvoir me rattraper. Je me suis sauvée très vite. C'est peut-être de là que date mon horreur de toutes ces bêtes. Ça m'avait bouleversée paraît-il. […] J'ai beaucoup trouvé Dieu dans la nature et dans le ciel. Je priais en pensant beaucoup plus qu'en parlant. J'ai été très heureuse petite fille. J'ai eu peur une fois d'un chien enragé. J'ai eu peur des dangers courus par les miens.

[...] Papa aimait tant quand j'allais le chercher dans les champs, le soir. Lui aussi aimait la nature. C'était mon grand confident : il m'appelait : "ma mimi". J'étais la "mimi" de papa. Il était bon, mon papa. Maman aussi. Je ne sais pas pourquoi, j'étais plus proche de papa. Maman était plus nerveuse et ma nature craintive avait besoin de sa force pour qu'elle m'aide. J'aimais bien mon frère parce qu'il était timide et sa timidité lui faisait commettre des gaucheries. Je le défendais toujours. On a bien su m'enlever ma timidité ! Mais je ne le suis pas par nature ! Je devrais bien vous dire mes défauts ! Qu'est-ce qu'il faut vous dire comme défauts, mon père ?

Mon gros chagrin d'enfant avait été le mariage de ma sœur, Madame Serve. Mon beau-frère m'avait pris ma sœur et je ne pouvais pas l'aimer. Il ne fallait même pas qu'il m'embrasse. Vous voyez que j'avais des rancœurs et je disais : Oh ! J'aurais bien donné ma sœur Gabrielle mais pas ma sœur Célina. Vous voyez que j'étais méchante. J'ai beaucoup pleuré et j'allais quelquefois jusqu'à la plaine voir si elle revenait. La première fois que maman m'a emmenée chez elle, je pensais la ramener. Et j'ai compris. J'étais à la fois contente et déçue de la voir heureuse. Quand mon beau-frère venait sans elle, c'était pour moi une torture. J'avais le courage de lui dire bonjour quand ma sœur était avec lui. J'ai fait un séjour chez eux et c'est allé mieux après » (Cahier 22, 18 novembre 1943).

Ainsi, après avoir vérifié les principales insertions des premiers biographes de Marthe, tenu compte de l'expertise médicale du 14 avril 1942, j'arrive à la même certitude : Marthe eut une enfance joyeuse, une adolescence heureuse jusqu'à l'âge de seize ans. Nous l'avons découverte pétillante et bien vivante dans un milieu familial solide quoique éprouvé par les aléas de la vie. Comme ses sœurs et ses voisines elle goûtait les joies humaines des enseignements de l'école, le bonheur de pouvoir se rendre utile à la maison par de multiples activités et réjouir les cœurs par son affection filiale et amicale.

Par contre, Marthe a très vite tracé un chemin spirituel qui lui était propre. Se différenciant de ses sœurs et de ses compagnes, elle s'est laissé séduire par la délicatesse du Seigneur. Son âme percevait la présence de Dieu quand elle contemplait la beauté des nuages du ciel qui s'estompaient à l'horizon. Son cœur s'ouvrait au mystère de l'Amour :

> « J'ai beaucoup trouvé Dieu dans la nature et dans le ciel. Je priais en pensant beaucoup plus qu'en parlant » (Cahier 22, p. 6).

Son âme avait déjà conscience que c'était Dieu qui agissait en elle :

> « Ces désirs de prière que j'avais parfois, étaient certainement quelque chose que Lui-même faisait en moi. [...] Dès qu'il y avait moins de délicatesse de ma part, il me rappelait à Lui par ce désir et c'était comme de l'intimité avec le Bon Dieu » (Cahier 22, 18 novembre 1943).

Cette recherche de Dieu n'avait rien d'une évasion égocentrique :

> « Je le trouvais dans mon prochain » (Cahier 22, 18 novembre 1943).

La voie était ouverte à une vie contemplative. « Sentir Dieu », était son expression. Au-delà de tout sentimentalisme ou de perception intellectuelle, n'est-ce pas une intuition qui laisse pressentir l'étape du mariage spirituel de l'âme avec son époux, comme le chante le Cantique des cantiques ?

> « L'avenir est à Lui, et je veux déjà tout ce qu'Il voudra... J'aime le Carmel, oh ! Dieu sait combien ! Et j'aime le Ciel... Mais je ne sais pas lequel désirer pour le moment. Alors je ne désire que mon Dieu, et je Le possède déjà ! » (Cahier 5, p. 59).

L'oraison du vingtième dimanche après la Pentecôte dira : « afin que l'aimant en toute chose et par-dessus tout, nous obtenions de toi l'héritage promis qui surpasse tout désir ».

Soudainement, Marthe va devoir affronter la maladie. Elle vivra avec Jésus, déjà accueilli dans son cœur, le bouleversement de son existence et le drame de la souffrance humaine. Sa foi découvrira la richesse de la Croix.

II

Marthe affronte la souffrance de la maladie

TERRASSÉE PAR LA MALADIE EN AOÛT 1918, Marthe va lutter avec amour et confiance pendant douze ans pour chercher le remède à ses souffrances physiques et morales. Le témoignage de Marthe dans une vie de malade intimement unie aux milliers, voire aux millions de personnes dont l'existence est dramatiquement douloureuse dans les hôpitaux. Traduisant la réaction instinctive des humains, son père et sa mère indignés diront un jour au docteur : « C'est profondément injuste, notre petite Marthe n'a rien fait de mal pour souffrir ainsi. » Elle nous transmettra la lumière de l'Évangile : « j'ai été malade et vous n'êtes pas venus me voir » (Mt 25, 43). Suivant le dicton « un esprit sain dans un corps sain », Marthe dira : « Un esprit sain dans un corps malade c'est encore plus beau. »

Dans la tragédie de la souffrance qu'elle assume avec amour, Marthe ouvre le chemin de l'espérance qui puise sa signification et sa force dans le cœur douloureux du Christ.

> « La douleur, la souffrance ne viennent pas du ciel mais le secours en vient, le bonheur en est » (Journal intime, 12 janvier 1930).

Tout en agissant pour repousser le mal et endiguer les douleurs par des calmants elle vivra toute cette période dans un combat intérieur qui exprimera sa fidélité au Christ. En automne 1930, le Seigneur lui ayant proposé d'être « Comme Lui », elle trouvera son unité en étant mystiquement unie à la Passion de Jésus.

Devant la multiplicité des sources et des confidences, il apparaît important et souhaitable de dégager une chronologie de sa maladie et, parallèlement, celle de son approfondissement spirituel. Ce travail reposera essentiellement sur l'expertise médicale établie le 14 avril 1942, à la demande de l'évêque de Valence, par le docteur Jean Dechaume, professeur à la faculté de médecine de Lyon, chef de clinique neuropsychiatrique, et le docteur André Ricard, chirurgien des hôpitaux de Lyon. J'ai également tenu compte du témoignage du docteur Assailly, neuropsychiatre à Paris. Ce dernier, invité par le père Finet à visiter Marthe pendant de nombreuses années, a donné son diagnostic de scientifique croyant en l'authenticité de la vie mystique de Marthe dans son livre publié en juillet 1996.

Pour plus de clarté, nous procéderons année par année.

1918. Marthe à seize ans

Selon le rapport médical, Marthe jouissait d'une bonne santé jusqu'à seize ans et quatre mois : « Pendant l'été 1918, Mademoiselle Robin avait alors seize ans. Apparaissent des céphalées (maux de tête) que n'influençaient ni les médicaments, ni le sommeil. Elle souffrait des yeux sans troubles de vision. Elle avait des évanouissements fréquents, plusieurs par mois. Elle tombait en général sur le dos. Le 2 décembre 1918, soit cinq mois après le début des accidents, Mademoiselle Robin s'alite parce que les céphalées étaient intenses, qu'elle avait une température élevée et un grand affaiblissement général accompagné de vomissements fréquents [...]. Les docteurs Pangon et Allamant de Saint-Vallier qui viennent la visiter pensent à une tumeur cérébrale. Elle n'avait pourtant aucune paralysie et si elle criait c'était parce qu'elle souffrait beaucoup » (Rapport médical, p. 4-5).

Marthe souffrait déjà au mois de mai de maux de tête très violents. Elle était allée à Saint-Sorlin (5 kilomètres) à pied consulter son médecin. Les remèdes furent inefficaces puisque trois mois après elle devait garder la chambre. La famille demande au curé Payre de venir lui administrer l'extrême-onction. Marthe, à seize ans, doit faire face au mystère de sa mort. Ce premier détachement d'avec ses parents et de cette terre est assumé dans l'espérance et la prière. Bonne chrétienne, elle s'efforce de rejoindre le Seigneur en offrant ses souffrances à Dieu et en communiant avec celles du Christ au Calvaire pour le mystère du salut du monde.

1919. Marthe à dix-sept ans

Marthe, à dix-sept ans, présenta des paralysies incomplètes qui se changèrent au cours de l'été 1919 en gros troubles de la vue et en paralysie des membres inférieurs. Cette forme d'encéphalite présentait des poussées d'emblée suraiguës avec mort en quelques semaines ou des poussées successives avec troubles en dents de scie : ce qui fut le cas chez Marthe.

Le rapport médical précise encore (p. 6) : « La malade vomissait fréquemment. Elle dormait peu ou pas, elle resta dans l'obscurité, ne pouvant supporter la lumière, elle présenta même des troubles qui allèrent jusqu'à une amaurose complète (aveugle). Celle-ci disparut très lentement et a toujours laissé après elle un trouble de la vue [...] elle ne prenait qu'une alimentation liquide ou on la forçait à boire. »

Marthe apprend à vivre la présence du Seigneur dans une semi-obscurité, tout en essayant d'endiguer la douleur par des remèdes régulièrement pris mais plus profondément par le don d'elle-même. Elle est seule face à son mal et s'en remet au Père du ciel. Bien plus tard elle écrira dans son journal le 2 mars 1926 :

> « J'aimerais voir traduire toutes ces infinies tendresses du Père envers sa pauvre petite enfant et la délicatesse avec laquelle il daigne la combler de ses innombrables bienfaits. »

1920. Marthe à dix-huit ans

Je n'ai trouvé aucune documentation concernant cette période.

1921. Marthe à dix-neuf ans

« Le 20 mai 1921 Marthe, à dix-neuf ans, voit la Vierge qui lui apparaît pour la première fois. Elle partageait sa chambre avec Alice sa cadette quand au cours de la nuit elle fut réveillée par un grand bruit. Toutes les deux virent une lumière transparente : "Oui la lumière est belle, dit Marthe, mais j'ai vu la Vierge." Madame Robin et une de ses filles (qui fut plus tard Madame Brosse) étaient présentes et ne doutèrent pas de la réalité de la chose. Très rapidement, après une amélioration notable, au bout de deux jours, la malade demanda à se lever. Elle le fit et désormais put le faire. Restaient simplement des troubles oculaires avec une diminution de l'acuité visuelle sans diplopie. L'impotence avait progressivement disparu et à la fin de l'été, les jambes restaient peut-être encore faibles mais ceci ne l'empêchait pas de marcher puisque le 11 novembre 1922 elle est allée encore, mais pour la dernière fois, à pied à la messe au village, ce qui représente quatre kilomètres : deux de descente et deux de montée. Puis, fin novembre 1921, progressivement réapparaît une impotence des membres inférieurs avec, en plus, des douleurs dorsales » (Rapport médical, p. 6-7).

Marthe a donc la possibilité de marcher avec des béquilles. Pour le 15 août 1921, elle put se rendre à Notre-Dame de Châtenay près de Lens-Lestang et, s'appuyant sur sa canne, le 8 septembre à Notre-Dame de Bonnecombe près de Hauterives. Marthe reprend peu à peu une vie « normale ». Devant cette amélioration elle remercie la Vierge et se rend par deux fois aux sanctuaires de la région pour lui demander son aide et pour que se poursuive sa guérison apparente. Après avoir frôlé la mort à seize ans, elle apprécie la vie et goûte l'air tonifiant de la campagne environnante.

1922. Marthe à vingt ans

Sa vue s'améliorant, elle demanda, précise le docteur Assailly, des livres à la bibliothèque paroissiale. L'un d'eux sur la vie d'une visitandine italienne, sœur Benigna Consolata Ferrera du monastère Sainte-Marie de Côme, morte en 1916, attira tout particulièrement son attention. Le Christ aurait dit à cette religieuse : « Je prépare l'œuvre de ma miséricorde. Je veux une nouvelle résurrection dans la société et je veux qu'elle soit l'œuvre de l'Amour [...] il ne faut pas mettre de limite à cette foi dans mon Amour. C'est par le sacrifice que tu peux me donner des âmes. Le monde court au précipice. Moi, je l'arrêterai dans sa course vertigineuse au moyen de ce petit bataillon d'âmes généreuses qui combattent sous ma conduite » (Assailly, p. 68).

Un événement important se produisit, en voici les circonstances. Les témoignages de Mademoiselle Bonneton, devenue sœur Marie-Thérèse au monastère des Clarisses de Val-les-Bains (Ardèche), et du père Auric (successeur à Châteauneuf du père Faure), se recoupent :

> « Ma sœur Gabrielle, confiait Marthe, était allée à Marseille au moment de l'Exposition coloniale. Pendant l'absence de ma sœur je tenais la maison toute seule [...]. Il y avait Monsieur Gaillard, mon neveu Raymond et un garçon de ferme. »

Et voici qu'elle trouve dans une malle au grenier un livre dont l'une des phrases résonna dans l'intimité de son cœur : « Tu cherches le calme, la joie et la douceur ; c'est à la souffrance qu'il te faut te préparer. Tu cherchais le repos, c'est au combat qu'il faut faire face. » Ce texte se rapporte sans doute au livre de l'« Imitation de Jésus-Christ » qui a été trouvé sur place (livre II, chap. 10, verset 1).

Le père Finet racontait volontiers qu'un jour où Marthe était chez sa sœur mariée, pour participer aux travaux du ménage, elle trouva à terre un livre de pitié où elle put lire : « Il faut préférer à la vie la souffrance, la lutte au repos. » Ce fut pour elle une lumière.

Le mystère de la Croix s'enracine dans la vie de Marthe qui savait déjà que l'amour transfigure la souffrance :

> « Pendant l'été 1922, ses jambes fléchissaient et étaient devenues très douloureuses. Elle commença à souffrir du dos si bien qu'elle se tenait toujours courbée mais elle s'occupait encore dans la maison [...]. Plusieurs fois conduite chez le docteur, quatorze fois chez le dentiste à Saint-Vallier pour plusieurs extractions et se faire poser des couronnes. Elle a aussi consulté à Valence un spécialiste dont elle ne sait plus le nom et qui a prescrit des lunettes pour lire, écrire et broder. Avec ses verres elle avait une vue pratiquement normale. Nous avons vu des broderies effectuées par elle à cette époque et dont l'exécution n'aurait pas été compatible avec une mauvaise vue ou des troubles quelconques au niveau des membres supérieurs. Si en cet été 1922, Mademoiselle Robin se levait, s'occupait, marchait avec des béquilles, elle ne pouvait s'asseoir seule dans son lit, ni se lever, parce que le dos et les jambes lui faisaient trop mal et que ces dernières étaient trop faibles. Cette période, caractérisée par les douleurs dorsales et l'impotence des membres inférieurs, va durer cinq ans jusqu'en 1927 » (Rapport médical, p. 7).

1923. Marthe à vingt et un ans

Sur les recommandations d'un médecin, Marthe fit une cure de trois semaines à Saint-Peray, en face de Valence. Malheureusement les massages et les bains n'empêchaient pas la paralysie des deux membres inférieurs de s'installer.

Par contre cette période fut très riche en rencontres humaines et spirituelles. En particulier, Marthe noua une solide amitié avec Madame Du Bay qui habitait Saint-Peray. Passionnée de Dieu cette personne revint souvent voir Marthe à la Plaine. Les voisins se souviennent encore de l'arrivée de cette Baronne conduite par son chauffeur en « Didion Bouton ». Elle parla beaucoup de la Passion avec Marthe.

Cette dernière comprit alors qu'elle ne guérirait pas :

> « J'ai une mission à remplir, j'ai trouvé à Saint-Peray (Ardèche) un prêtre âgé qui me réconfortait beaucoup, qui me comprit et qui sut ce que j'allais être. Ce prêtre était malade aussi, mais il partit de Saint-Peray avant moi, sa saison étant finie avant la mienne. Le soir de son départ, il vint me faire ses adieux, ouvrant ses bras je me précipitai : "Ah ! dit-il, je mourrai tranquille et heureux, j'ai pressé

dans mes bras la crucifiée de mon Jésus." » (Mme Bonnet, Cahier 28, p. 3).

En cette année 1923, le mouvement suscité par les écrits de sainte Thérèse de l'Enfant Jésus qui venait d'être béatifiée fut considérable dans l'Église. Marthe s'en fit l'écho dans une confidence à Mademoiselle Martin, membre du Foyer de Charité de Châteauneuf, qui nous transmit l'essentiel de sa pensée :

> « On se sanctifie, disait Marthe, on ne se sauve que par la Croix. La prière unit mais c'est la foi qui sauve. On ne voit plus parce qu'on ne le mérite plus. Quand on pense à la petite Thérèse ! Oui, j'ai voulu la vérité. Je crois avoir pratiqué la charité. Je crois avoir compris l'humilité de cœur. Oh ! Que va loin la vie ! Quand vous avez de grands malades ne laissez pas de poisons (remèdes contenant des poisons) à leur portée. Sa foi si douce durant ses années, mot terrible ! Où tout lui paraissait grimaçant, tentation du désespoir. Je l'aime bien. Quand j'ai lu l'histoire d'une âme : très beau, très profond mais je n'ai rien appris parce que je le vivais [...] plus on pénètre sa moelle et son obéissance jamais discutée au-dedans, "dans le Cœur de l'Église, ma Mère, je serai l'Amour" [...] on ne peut rien dire de plus [...] tout lui coûtait. »

Cependant Marthe restait très humaine dans son cheminement spirituel. Le 17 octobre 1923 elle invite son oncle à bien préparer une noce qui va avoir lieu dans la famille, sans oublier les danses :

> « C'est toujours une grosse affaire mais je pense que vous vous dépêchez bien pour aller aux noces. Alors ce jour-là nous irons danser. Oncle, je vous retiens ! Vous ne m'oublierez pas. Mettez-le-vous bien dans la tête. »

Le nouveau curé vint la voir mais ne la comprit pas. Il lui reproche de se laisser aller. Marthe n'était pas à l'aise, elle avait peur. Un jour elle dira à son amie Jeanne Bonneton que lorsqu'il vient la voir il « doit laisser sa bonté derrière la porte ».

Marthe commence une étape spirituellement difficile. Les périodes de rémission avec des avancées de la maladie se succèdent. Elle reprend goût à la vie et soudain se trouve brusquement arrêtée dans ses élans spirituels et physiques. Alors qu'elle est donnée à Dieu, les joies terrestres, comme l'indique la lettre à son oncle, l'attirent encore. De vingt et un à vingt-cinq ans elle s'est débattue avec Dieu. Plus tard, le 22 janvier 1930, elle évoquera ce combat intérieur extrêmement violent :

> « De toutes mes forces, de toute ma volonté j'ai désiré, j'ai voulu le Bien et avec sa Grâce, j'ai trouvé Dieu. Après des années d'angois-

ses, de péchés, de découragements profonds ; après bien des épreuves physiques et morales, j'ai osé, j'ai choisi le Christ Jésus, Lui le Verbe Incarné, l'Agneau Sauveur du monde, pour Maître, pour Modèle unique et parfait ; ou plutôt je L'ai supplié de vouloir être mon Maître, mon Modèle, ma Voie et ma Vie. Puis un jour, [...] après m'être depuis longtemps donnée et consacrée à Lui tout entière, et avoir eu la preuve réelle et sensible que j'avais été exaucée [...], Il s'est révélé et donné à moi (spirituellement) pour le Dieu et l'Époux de mon âme, vivant, agissant en elle » (Cahier 3, 22 janvier 1930).

Hélas, dès la fin de novembre 1923, elle ne peut plus marcher, dit le rapport médical (p. 8).

1924. Marthe à vingt-deux ans

« En janvier 1924, elle laisse ses béquilles et s'alite. Depuis, elle n'a plus marché même avec des béquilles, on la levait pour la mettre dans un fauteuil, elle ne pouvait s'y mettre seule. L'état général s'aggravait, parallèlement les maux de tête réapparurent. Si les bras ne présentaient pas de paralysie, si la malade pouvait parfaitement se servir de ses mains, puisqu'elle brodait et écrivait, les bras lui faisaient mal et ne pouvaient guère s'étendre complètement. Apparemment encore de fréquentes métrorragies (hémorragies utérines) sans raison, parfois assez abondantes et amenant un état anémique important. Ces pertes étaient douloureuses, elles ont duré plusieurs années, elles apparaissent encore maintenant quelquefois. Il faut noter qu'il n'y a pas d'autres hémorragies » (Rapport médical, p. 8).

Vint à Châteauneuf, en 1924, Mademoiselle Lautru. Née à Saint-Étienne dans une famille anticléricale, elle s'était convertie, avait été baptisée et venait exercer sa profession de sage-femme. Marthe la fit appeler par sa mère. Elle vint régulièrement voir Marthe et noua une amitié spirituelle profonde qui ne fut pas brisée par l'entrée de Mademoiselle Lautru chez les religieuses hospitalières de Lyon. Elle poursuivit les rencontres jusqu'à la mort de Marthe, l'une et l'autre s'encourageant dans la fidélité au Seigneur.

1925. Marthe à vingt-trois ans

La maladie poursuit son cours. « C'est une souffrance d'âme qui arrive jusqu'à mon corps », dit Marthe au médecin qui l'examinait (Rapport médical, p. 22).

Deux événements importants vont se produire :

En août 1925, pour rendre service à une malade et à son curé organisateur du pèlerinage à Lourdes, Marthe accepte de renoncer à sa place, déjà retenue, pour l'offrir à une autre personne. Ce détachement douloureux nous révèle une nouvelle étape de sa vie spirituelle. Après avoir lutté pendant deux ans avec elle-même, Marthe parvient à se tourner vers le Seigneur avec confiance.

D'après les confidences qu'elle fit à son amie Jeanne Bonneton, qui deviendra Clarisse au couvent de Vals-les-Bains, la Vierge l'a particulièrement éclairée. Selon une coutume de l'époque, Marthe éprouve le besoin d'exprimer à Dieu, le 15 octobre 1925, en la fête de sainte Thérèse d'Avila, son abandon et sa confiance totale. Elle nous révèle ainsi son désir profond d'être consacrée au Seigneur en demeurant chez elle puisque sa santé ne rend pas possible son entrée au carmel. Elle gardera près d'elle, sous son oreiller, cette prière personnelle qui l'engageait tout entière dans la communion à Dieu. Elle la montrera à son curé, le pasteur de son âme. Celui-ci la fit lire à son voisin, l'abbé de Perrier, curé de Saint-Uze, pour avoir son avis. Il la trouve si belle qu'il la recopie. C'est grâce à lui que nous avons cette première rédaction, car, en 1926, Marthe de nouveau malade la déchire pensant qu'elle va mourir.

1926. Marthe à vingt-quatre ans

À vingt-quatre ans, le 3 octobre 1926, Marthe fait une hématémèse (vomissement de sang) et des hématuries (sang dans les urines) ainsi que des moelenas (sang dans les selles). Le médecin de Saint-Uze et un médecin de Saint-Vallier estiment qu'il n'y a plus rien à faire. Marthe resta anéantie pendant trois semaines. Le curé Faure vient lui donner l'extrême-onction qu'elle reçoit pour la deuxième fois. Marthe est persuadée qu'elle va mourir. Dans cet état de grande faiblesse, elle aurait eu trois apparitions de sainte Thérèse de l'Enfant Jésus. Il lui fut révélé qu'elle ne mourrait pas mais poursuivrait sa propre mission et participerait au salut du monde. Elle ajouta plus tard au père Finet :

> « Ph ! La coquine elle m'a tout laissé à faire. »

Enfin, à Mademoiselle Ange Matei, professeur au lycée de Saint-Jean-de-Maurienne, Marthe confiera :

> « Dire que j'aime tant la Petite Thérèse et qu'elle est celle qui m'a fermé les portes du

ciel ! J'étais heureuse, j'étais prête à partir, à mourir, à vivre ! Sainte Thérèse m'est apparue, je l'ai vue trois fois. Elle m'a visitée. Elle m'a dit : "Tu ne mourras pas, tu es chargée d'une mission spirituelle." »

On ne sait de manière précise quelle est cette mission. Le curé Faure lui-même n'est pas au courant : « Elle ne m'en a jamais parlé », aurait-il dit à mère Lautru. Peu à peu Marthe découvrira sous quelle forme s'incarnera son désir de participer au salut du monde.

Dans l'immédiat Marthe exprime longuement son désir d'être toute à Jésus. Elle s'inspire d'une prière du chanoine Gerbaut, imprimée au dos d'une image. Son premier acte d'abandon ayant été déchiré, elle en rédigera un second profondément transformé par rapport au premier. La rencontre de sainte Thérèse, la perception de l'Amour divin, le souffle de l'Esprit-Saint animent l'ensemble de sa prière.

Elle reprend les mêmes expressions que dans la rédaction du premier acte mais les éclaire par des perspectives très vives de l'Amour qui a illuminé son cœur.

Elle écrit sa volonté de s'engager totalement, de se « livre[r] à Vous comme une petite hostie d'Amour ». Sans doute a-t-elle retenu une expression de sœur Élisabeth de la Trinité : « faites-en, je vous en supplie, votre petite humanité de surcroît ». Son offrande s'est élargie aux dimensions du monde :

> « [...] daignez l'agréer et la faire servir au bien spirituel des millions de cœurs qui ne vous aiment pas [...] ».

Marthe insiste sur l'intercession de la Vierge au début et à la fin de sa prière :

> « Passer sur la terre, humble et silencieuse et rédemptrice comme la Vierge [...] Marie, ma Mère chérie donnez-moi vous-même à Jésus [...] pour que je puisse lui donner des âmes en union avec vous, ô ma si chère maman. »

Voici les principaux passages de cette magnifique prière :

> « Passer sur la terre humble – silencieuse – et rédemptrice comme la Vierge crucifiée avec le Christ cloîtrée dans la Trinité [...] Amour Infini ! Ô mon Père ! [...] En ce jour, je me donne et me consacre à Vous, tout entière et sans retour.
>
> Ô le Bien-Aimé de mon âme, mon doux Jésus [...] c'est Vous seul que je veux [...] et pour votre Amour, je renonce à tout ! [...] À Vous je me livre et je m'abandonne !... [...] comme une petite hostie d'Amour, de Louange et d'Action de Grâce, pour la Gloire

de votre Saint Nom, pour la Jouissance de votre Amour, [...] tout mon pauvre moi est à Vous ! Faites-en, je Vous en supplie, votre petite humanité de surcroît... [...] votre ciel d'Amour sur la terre. [...] Consumez tout dans votre Immense Amour, [...] soyez vraiment ma Vie, mon Amour et mon Tout ! [...] Mon moi... c'est Jésus, sa Volonté, son Esprit, l'Amour Infini [...]

Que toute ma joie ici-bas soit de Vous faire connaître Bon comme Vous êtes Bon [...]. Que tout en moi exprime mon Amour pour Vous et que je sois toujours prête au sacrifice [...]. Daignez agréer mon immolation et la faire servir au bien spirituel et divin, de tant de millions de cœurs qui ne Vous aiment pas [...]. J'accepte avec amour tout ce qui me vient de Vous [...] je me voue tout entière à la prière, à la souffrance, à l'Amour. [...] Mon Jésus, Divin Soleil d'Amour ! Ô ma Voie, ma Lumière et ma Vie ! Je Vous aime [...] je m'abandonne à Vous [...]. Marie, ô ma Mère Chérie, donnez-moi Vous-même à Jésus. [...] » (Prière de Marthe).

Marthe, animée par l'Esprit-Saint, s'est donc volontairement, et en toute lucidité, consacrée au Seigneur. Elle poursuivra pendant cinq ans son cheminement vers Lui. Sa correspondance avec ses amis révèle que la profondeur de son cœur est restée séduite par les joies de la terre. La tendresse de Dieu l'aidera à purifier ses pensées pour une adhésion plus grande à la seule volonté d'amour du Père.

1927. Marthe à vingt-cinq ans

« En 1927, l'état général est mauvais, sont apparus des troubles digestifs, le lever tout de suite après les repas était devenu impossible, il entraînait immédiatement des vomissements. Et, le 3 octobre 1927, survient un accident grave : hémorragie digestive, d'allure dramatique. Mademoiselle Robin avait été mal toute la nuit, souffrant beaucoup de l'estomac. Dans la journée du 3, survient une hématémèse abondante accompagnée de sanglantes selles, lesquelles furent constatées et examinées par deux médecins de Saint-Vallier et de Saint-Uze. [...] On la crut perdue, elle a reçu les derniers sacrements (pour la troisième fois en neuf ans), elle a même cru mourir et en était heureuse. Pendant trois semaines elle n'a rien pu absorber, puis, peu à peu, on a pu reprendre une alimentation liquide froide. Progressivement les troubles digestifs ont disparu et Mademoiselle Robin se retrouva exactement dans l'état où elle était avant l'accident » (Rapport médical, p. 9).

On a retrouvé dans l'armoire de la chambre de Marthe, après sa mort, des notes dictées par elle en 1927. Ces textes nous permettent de mieux communier à son état spirituel avant qu'elle n'aborde la grave crise décrite par le rapport médical :

« Je vais mieux depuis quelques jours et je puis rester levée une grande partie de la journée [...]. Il m'est impossible de faire le moindre mouvement sans être aidée de ma si dévouée Maman [...] je me sens écrasée au physique et au moral. Tout m'angoisse et m'accable [...] Je ne sais plus réagir : *Fiat !*... [...] Je sens dans mon incapacité même que la grâce non de consolation mais de Force et d'Amour est répandue en moi avec une surabondance tous les jours renouvelée. Si bien que je me sens tout enveloppée de son Amour et dans son Amour et de plus en plus abandonnée à sa Souveraine Action [...]. Mon âme est plongée et comme emportée vers cette Jérusalem d'Amour, sous la puissance des attraits et des inspirations de Dieu même qui par instants semble vouloir comme m'absorber tout entière en Lui. [...] Je ne sais ce qu'Il veut faire de moi, mais je veux tout » (Cahier 2, 17 mars 1927).

Quinze jours plus tard elle écrira ou fera écrire :

« Comment dire les infinies tendresses de Jésus ? Il ne discontinue pas de m'envelopper, de m'entourer de ses prévenances divines. J'ai peur... Je suis vraiment trop comblée !

[…] Quand je pense que Jésus est là tout près de moi… avec moi… en moi. […] Je sens que Dieu seul m'est tout de plus en plus et que plus rien n'existe pour moi hors de Lui » (Cahier 2, 17 mars 1927).

Puis vient toute une réflexion sur la souffrance :

« J'expérimente combien il est doux d'aimer, même dans la souffrance […]. La souffrance est l'école incomparable du véritable Amour… » (Cahier 2, 17 mars 1927).

Le raisonnement de Marthe est le suivant :

« La maladie me fait physiquement souffrir mais je constate qu'au contact du Seigneur j'éprouve une très profonde joie divine. […] Il sait et Il nous enseigne sans distinction de race […] que la souffrance est la marque et le vivant témoignage de l'Amour. […] Il y a plus de joie dans le Ciel pour un seul pécheur qui se convertit […]. Bienheureux ceux qui pleurent ! La doctrine de Jésus dépasse les apparences et au-delà du Mal elle voit le Bien qui en découle. […] Il fallait que le Christ souffrît lisons-nous dans l'Évangile. La souffrance est donc nécessaire ? Et cependant Il aurait pu sans cela sauver le genre humain. […] Tous les péchés du monde n'exigeaient de la part d'un Dieu tant de renoncements, tant d'humiliations […] tant de Sang répandu ! Mais Jésus devait être le chef-d'œuvre et le plus haut

Sommet de la Création. Or, un Christ triomphant par la Force de la Domination et même par l'éclat de sa Toute-Puissance aurait été assurément infiniment moins Beau, moins tragiquement Sublime, moins irrésistiblement Aimable et Attirant qu'un Christ souffrant et mourant pour nous. [...] Chaque goutte de Sang du Christ a un langage d'Éternité... »

Le 2 mai 1927 est transcrit le secret de son épanouissement malgré la souffrance :

« Je puis enfin l'aimer de tout mon cœur [...]. Je n'ai plus peur maintenant de toutes ses Grâces d'Amour [...] l'impuissance à ne pouvoir m'occuper à rien [...] m'est devenue facile à supporter depuis que j'ai eu l'immense bonheur de communier tout près de ma chère Maman qui assistait à ma Communion. [...] Avec quel Amour, Jésus entoure ma vie souffrante ! Comme une maman qui apprendrait à faire les premiers pas à son tout petit enfant, ainsi Il m'apprend Lui-même la manière de me livrer à son Amour, de m'abandonner à sa Divine Volonté. Je me livre à Lui je ne sais comment. C'est comme s'Il me tenait amoureusement sur son Cœur et même dans son Cœur [...]. Je me sens vivre et mourir dans sa puissante étreinte. C'est si doux et si douloureux à la fois [...]. Il me semble que Jésus imprime très fortement en moi l'Amour des intimes douleurs de sa très Sainte Mère et de sa Passion Rédemptrice [...] et que je ne les comprends même plus. C'est si bon, de ne rien savoir, de ne vouloir que ce qu'Il veut Lui, sans amertume pour le présent et sans appréhension pour l'avenir. [...] Que notre esprit d'amour garde et dirige en Maître infiniment Puissant le pauvre petit domaine de ma vie [...] sous la dépendance toute maternelle de la très Sainte Vierge » (Cahier 2, 2 mai 1927).

1928. Marthe à vingt-six ans

À vingt-six ans, le 25 mars 1928, la paraplégie des deux membres inférieurs fut définitive.

« Cependant elle trouve pendant l'été les mêmes occupations. Elle brode et travaille au lit. En novembre 1928, nouvel accident du même ordre, hématémèse, hémorragies sanglantes, vomissements, un peu moins inquiétant toutefois que l'année précédente et disparaissant cette fois encore progressivement » (Rapport médical, p. 9).

Marthe vit une solitude grandissante car monsieur le curé ne vient plus la voir. Son frère Henri, bon mais ombrageux, n'acceptait plus la présence du prêtre. Marthe lui demanda donc de ne plus venir sans évoquer les réticences de son frère. Le curé ne comprit pas. Il attribua à Marthe une attitude orgueilleuse comme le précise Jeanne Bonneton.

Durant le troisième trimestre une mission eut lieu à la paroisse de Châteauneuf. En accord avec le père Faure, les deux capucins, le père Marie-Bernard et le père Jean, visitèrent les malades. « C'est une sainte que vous avez là et vous ne la connaissez pas ! » disent-ils au curé de retour au presbytère. Ce dernier fut invité à soutenir sa paroissienne. Ce fut l'origine du journal intime de Marthe, si précieux pour connaître son évolution spirituelle à cette époque. Le curé ne pouvant venir tous les jours à la ferme demanda à Marthe de lui transmettre par écrit ce qu'elle vivait dans la solitude de sa maison.

Le 3 décembre 1928, Marthe accepte la proposition du père Marie Bernard d'entrer dans le tiers ordre de saint François. La nuit qui suivit, elle fut violemment attaquée au visage par l'adversaire dont ce fut la première manifestation : « Je ne sais pas ce qui s'est passé, dit Madame Robin, qui couchait dans un lit juste à côté de celui de Marthe, mais ma fille a poussé un cri épouvantable. » L'abbé Perrier a témoigné de l'authenticité de l'événement. La Vierge qui ne s'était pas manifestée depuis le 25 mars 1921 vint au secours de son enfant et l'encouragea à poursuivre fidèlement son engagement dans le tiers ordre. Madame Serve, sœur de Marthe, atteste l'événement :

> « La Vierge apparaît à Marthe dans sa chambre mais moi quand j'y vais, je ne la vois pas » (Cahier 8, père Faure).

1929. Marthe à vingt-sept ans

« Brusquement le 2 février 1929 apparaît une impotence avec raideur des quatre membres. Pendant l'hiver elle avait souffert des bras, elle avait eu des douleurs aiguës dans les jambes, puis brutalement à la date signalée vers midi, les bras ne peuvent plus servir et deviennent raides. Cette impotence fut assez brusque pour qu'elle eût encore au doigt le dé avec lequel elle brodait la veille au soir. Les jambes sont extrêmement douloureuses avec l'impression qu'on les arrache, elles se replient complètement sur elles-mêmes après avoir donné l'impression d'être agitées de secousses et de mouvements de flexions involontaires. Cet état d'impotence brusquement survenu le 2 février 1929 va rester définitif. Il est aujourd'hui ce qu'il était alors avec cependant ce fait que, depuis le mois de juin 1929, il y a quelques mouvements des phalanges des doigts juste assez pour pouvoir faire glisser les grains d'un chapelet. Il n'y aurait eu au moment de l'apparition de l'impotence totale aucun choc émotif ni aucune disposition mentale ou psychique particulière » (Rapport médical, p. 10).

Selon Gisèle Signi, une amie de Marthe, la Sainte Vierge aurait demandé à Marthe d'offrir encore au Seigneur ses mains. Le

2 février 1929, la paralysie gagne les deux bras et les deux mains :

> « J'ai encore gardé mon dé au doigt une bonne huitaine de jours, racontera plus tard Marthe à Mademoiselle Fagot, puis j'ai dit à maman : "Tu sais, tu peux m'enlever mon dé maintenant." »

Tout s'est passé avec le sourire : « J'accepte avec amour ce qui vient de Vous », avait dit Marthe dans son acte d'abandon.

Elle termine son année avec une confiance renouvelée dans le Seigneur :

> « Ô Père tendre et bon ! Ô Dieu unique et parfait ! Que ferez-vous de moi cette année ?.... Où me mènera votre Amour ?.... Quel délai m'imposerez-vous ?.... Que me demanderez-vous ?.... Quels imprévus demanderez-vous encore à votre pauvre petite servante, à votre pauvre petite victime ?.... Je l'ignore... et ne cherche pas à savoir. *Fiat*, ô mon Jésus, mon Dieu, *Fiat* et toujours *Fiat*, dans l'amour et le renoncement de tout. [...] Comment pourrais-je assez inonder de larmes d'amour la main Bien-Aimée qui m'envoie tant de souffrances, qui me fait si longuement souffrir. Mon Divin Jésus, que votre amour et votre grâce soient toujours avec moi » (Journal intime, 2 janvier 1930).

Nous savons combien Marthe a souffert physiquement tout en demeurant dans l'espérance pendant douze années, de seize à vingt-huit ans. Ses maux de tête sont particulièrement douloureux, de même que ses ennuis dentaires. Certains jours elle ne pouvait dominer ses névralgies. On l'entendait crier dans sa chambre, précise l'expertise médicale. Les vomissements après avoir pris quelque nourriture et les hémorragies aux formes multiples engendraient en elle l'angoisse de l'inconnu. L'inefficacité des remèdes la laissait désemparée. L'expérience d'une déficience oculaire passagère la plongeait dans des pressentiments inquiets de devenir un jour totalement aveugle, ce qui lui arrivera en 1939. Les souffrances morales n'étaient pas moindres. Devenant peu à peu paralysée elle devait renoncer à la joie de regarder la beauté des paysages entourant la ferme. Elle doit accepter de dépendre de son entourage qui l'aidera à passer de son lit au fauteuil, jusqu'au jour où elle sera dans l'obligation d'être assistée par les siens, immobile dans son lit. N'ayant plus l'usage de ses doigts à partir de 1929, elle ne pourra plus broder et participer financièrement à son entretien. Elle s'efforcera alors de se procurer plusieurs objets pour les faire vendre par son amie Jeanne Bonneton et, avec humour, elle constatera qu'elle n'a financièrement pas coûté cher à ses parents puisqu'elle n'a plus absorbé aucune nourriture à partir du moment où elle n'a plus travaillé. À diverses étapes de son évolution, elle fera l'expérience de la solitude morale, les visites se faisant rares, ses parents travaillant aux champs et la laissant seule dans la maison.

Sa vie d'intimité avec le Seigneur est soumise à rude épreuve. Elle sait qu'elle doit renoncer à son désir d'être carmélite. Elle vit des étapes de désert intérieur et, percevant de plus en plus le poids du péché des hommes, elle entrevoit la souffrance de Dieu.

Instinctivement, Marthe va chercher avec son bon sens de paysanne à réagir pour éliminer ses souffrances et retrouver les forces vives d'une bonne santé. Un retraitant m'a remis une lettre de 1925 écrite par elle, demandant au dentiste de Saint-Vallier de lui envoyer des cachets d'aspirine afin d'endiguer les douleurs des névralgies dentaires. Elle a multiplié les démarches chez les médecins, en particulier elle s'est rendue à pied jusqu'à Saint-Sorlin, à douze kilomètres, pour obtenir des remèdes qui calmeraient ses souffrances. On sait ses efforts pendant la cure de Saint-Peray pour lutter contre les rhumatismes : « Elle est partie à Saint-Peray avec une canne, mais en revenant elle ne marchait presque plus ! » disait-on.

Marthe ne s'est pas repliée sur elle-même mais a cherché à dominer sa maladie dans des échanges avec des personnes venant la visiter et qui sont devenues de solides amitiés. Marthe en a un certain nombre : Gisèle Boutteville, jeune Lyonnaise qui passait ses vacances à Châteauneuf depuis 1920. Jeanne Bonneton de Châteauneuf, Paulette Plantevin venant du sud de la Drôme et qui était en relation avec le père Faure, son curé. Cette dernière venait le voir à Châteauneuf et par la suite elle est devenue une des secrétaires de son journal intime. Marguerite Lautru de Saint-Étienne, arrivée en 1924 comme sage-femme à Châteauneuf, sur la demande de Marthe, lui rendait visite régulièrement. Ces rencontres l'aidaient à sortir de sa vie accablée par la maladie pour communier à l'univers des bien-portants et partager les recherches spirituelles qui habitaient son âme. Dans cette même ligne elle se procurait des livres à la bibliothèque paroissiale ou municipale, nourrissant sa réflexion des analyses plus larges que les siennes. Ses lectures lui fournissaient des éléments d'une culture à la fois humaine et spirituelle. Après la mission de 1928, le père Bernard l'invita à stimuler davantage la vie de son âme par des lectures plus spirituelles.

Marthe a continué pendant cette période à poursuivre, malgré les souffrances, sa rencontre avec le Seigneur. Tant que les débuts de sa paralysie ont permis la démarche possible, elle s'est rendue à la messe le dimanche à l'Église de Châteauneuf. Au besoin, son père l'emmenait avec lui sur la charrette tirée par le cheval. La maladie, humainement incompréhensible, trouvait dans l'Eucharistie une signification éclairée par les mystères des souffrances imposées par les hommes au fils de Dieu incarné. Déjà Marthe puisait dans sa communion eucharistique des forces surnaturelles pour affronter la monotonie douloureuse de sa vie quotidienne. La lumière paradoxale des Béatitudes éclairait ses tâtonnements spirituels. L'expérience de la beauté de la Vierge lui apparaissant en 1921 imprégnait sa démarche difficile d'une lumière apaisante. Dès qu'une rémission apparaissait, elle rendait gloire à Dieu. C'est ainsi qu'elle fit deux pèlerinages à Notre-Dame de Châtenay à Lens-Lestang et à Notre-Dame de Bellecombe, à côté d'Hauterives.

Par trois fois sa maladie s'étant aggravée elle reçut la richesse de l'extrême-onction, s'en remettant avec confiance à la providence. Pendant de nombreuses années, le ciel lui apparaissait la seule issue possible à sa situation, jusqu'au jour où, après avoir tout remis dans les mains de Dieu, elle comprit qu'elle avait une mission à accomplir sur cette terre. Le couronnement de ses efforts d'abandon fut la joie de son oblature franciscaine.

III

« *Être comme Lui* »

La stigmatisation

MARTHE PORTAIT LES STIGMATES DU CHRIST. Beaucoup de visiteurs ont vu la couronne d'épines, les larmes de sang. Comme toutes les stigmatisées, Marthe vivait aussi de la Résurrection du Seigneur.

Souvenons-nous, huit jours après Pâques, Jésus était venu rejoindre ses disciples : « [...] les portes étant closes, et il se tint au milieu d'eux et dit : "Paix à vous." Puis il dit à Thomas : "Porte ton doigt ici : voici mes mains ; avance ta main et mets-la dans mon côté, et ne deviens pas incrédule, mais croyant." Thomas lui répondit : "Mon Seigneur et mon Dieu !" » (Jn 20, 26-28).

Marthe demeurait dans l'intimité du Christ tout en assumant les douleurs de la Passion. Elle expérimentait à la fois les joies et la souffrance divines. Comment était-ce possible ? En lisant les textes de Marthe, j'ai été éclairé par la profondeur de sa réflexion présentée à son curé de Châteauneuf, le père Faure, et plus tard au père Finet, fondateur des Foyers de Charité.

Marthe a noté les démarches profondes de son âme. Elle tentera d'expliquer ce qu'elle vit alors dans tout son être :

> « Avant d'arriver à la stigmatisation extérieure, Jésus fait passer par des agonies du cœur et de l'âme. L'âme ne saurait exprimer ce qu'elle ressent, tant c'est surnaturel et divin et senti en même temps : l'être entier le ressent. C'est plus que ressentir : l'être entier est dans cette épreuve. J'ai toujours été amenée à une plus intense souffrance tous les jours, comme j'ai été emportée dans l'union, sans que ma volonté y ait aucune part [...] l'union d'amour est si intime que l'âme n'y résistera plus. Cette souffrance et cette joie ne se mesurent pas » (Cahier 22, p. 6).

Marthe évoquera plusieurs fois le paradoxe de la souffrance et de la joie, s'inspirant sans doute des Béatitudes ; elle constatera :

> « C'est délicieux de sentir qu'Il prend tout ce qu'Il veut, comme Il le veut, et quand Il le veut... C'est délicieux d'être livré sans réserve

à cette volonté adorable qu'Il dirige Lui-même pour sa plus grande Gloire ! C'est délicieux surtout de L'aimer, tout simplement, parce qu'on L'aime et de demeurer là, tout fondu d'amour » (Cahier 5, p. 61).

Ayant vérifié le bien-fondé de sa démarche spirituelle, elle insistera encore sur ce mystère en écrivant le 7 février 1934 :

« Qu'on me pardonne de toujours répéter ce même mot, "amour", mais c'est le seul pour moi qui traduit tout... Je n'aime et ne puis dire et faire que cela ; car je sens que de moi Il ne veut que de la souffrance et de l'Amour... toujours plus de souffrances et toujours plus d'Amour... c'est ma voie.

Je n'envie pas les Grâces et les faveurs extraordinaires, je ne les désire même pas. J'aimerais mieux assurément en être délivrée : ce sont des moments inexprimablement doux, c'est vrai, mais le meilleur est de ne rien désirer du tout. L'exquise simplicité, l'attachement plein d'Amour au Bon Plaisir de Dieu est plus désirable et plus délicieux encore... et c'est uniquement ce que je recherche à travers tout » (Cahier 18, p. 1).

Elle loue sans cesse la miséricorde divine :

« Les desseins du Père sont si admirables et toutes ses miséricordes s'accomplissent si exactement et si parfaitement toujours, qu'on ne peut que surabonder de joie alors même que cette Volonté est que nous souffrions » (Cahier 18, p. 18).

Ces textes de Marthe me confirmèrent qu'il n'y avait pas que de la souffrance dans la vie de Marthe, selon la rumeur publique, mais que la douceur de l'agneau épanouissait aussi son âme. Me revenait la vision du Christ en l'octave de Pâques, montrant les cicatrices de son Amour à Thomas l'incrédule. L'authenticité de la résurrection s'imposait par la constatation des blessures, traces de la violence subie par Jésus dans son corps avant sa mort.

Marthe rappelle que l'absolu est bien Jésus et non la souffrance. La douleur n'est pas première, elle est relative au péché, elle n'exclut pas la joie divine. Nous sommes devant le paradoxe des Béatitudes : « Heureux les persécutés pour la justice car le Royaume des cieux est à eux » (Mt 5, 10), « Heureux les affligés car ils seront consolés » (Mt 5, 5).

Il convenait pour moi d'approfondir ce que pouvait signifier la joie divine. Elle ne saurait être la simple transposition d'une joie humaine. Le Seigneur dans sa transcendance étant le « Tout Autre », la nature de sa joie divine ne peut être perçue qu'à la

Lumière d'un acte de foi, inspiré par le Saint-Esprit. Il nous laisse entrevoir une joie infinie, qui s'épanouit dans un amour éternel.

Par les précisions que donna Marthe, j'allais entrevoir davantage cette joie divine :

> « Quand je repasse ma vie de souffrances à côté des épreuves sans nombre j'y vois partout des grâces infinies que Dieu m'a faites par pur amour ! et Il m'en a fait beaucoup. À mesure que la terre et les choses de la terre deviennent ombre, la grande lumière de Dieu se lève. Chacune de mes joies m'a redit le doux nom de Jésus, chacune de mes douleurs a prouvé sa grandeur, sa bonté, sa tendresse, chacune de mes épreuves m'a prouvé son amour, sa divine présence » (Cahier 4, p. 11).

Confidence à son curé de la paroisse de Châteauneuf, le père Faure

Désireux de mieux connaître ce que Marthe vivait depuis le mois d'octobre 1930, je parcourus son journal intime. À l'issue d'une mission paroissiale à Châteauneuf-de-Galaure en 1928, le curé de la paroisse, le père Faure, devint le père spirituel de Marthe. À sa demande elle rédigea, sur des cahiers d'écolier, un journal sur lequel elle écrivait le cheminement de son intimité avec le Seigneur.

Allais-je trouver des passages confirmant la présence de la joie et de la douleur comme caractéristiques de sa communion divine ?

Les pages rédigées dans son journal intime le 26 janvier 1932 me donnèrent un premier éclairage. Au cours de cette journée-là, Marthe a eu la joie de pouvoir recevoir la communion eucharistique :

> « Longue et pure union de tendresse et d'amour ! Cédant aux pressantes sollicitudes de mon Bien-Aimé, je m'abandonne sans résistance dans le bonheur et la joie de l'épouse à tous ses désirs, à ses divines jouissances ! Oh, je ne crois pas m'être refusée à ses embrassements d'amour. Mon Dieu et mon tout ! Lui, si vivant en moi, si Maître de moi ; tellement à moi, qu'Il est tout moi ou plutôt je suis toute par Lui… toute en Lui… je me fonds en sa Divinité, dans la joie d'être sienne et bien sienne à jamais » (Journal intime, 26 janvier 1932).

Dans la soirée, tandis qu'elle se recueillait « au pied du cher et divin crucifié », soudain, elle eut une vision :

> « La douce et douloureuse image du Sauveur mourant se montra à mon âme » (Journal intime, 26 janvier 1932).

Les mystiques reçoivent des grâces exceptionnelles qui leur rendent possible une grande intimité avec le Seigneur. Cette image ne se présente pas dans le clair-obscur des ténèbres, mais en pleine lumière :

> « Je fus tout à coup enveloppée d'une lumière et comme plongée dans cette lumière [...]. Très impressionnée [...] je fixais la sanglante image de mon Dieu Sauveur, plus alors la lumière dans laquelle elle m'était montrée devenait éblouissante » (Journal intime, 26 janvier 1932).

La lumière l'emporte sur les ténèbres et donne la signification de la souffrance transfigurée dans le cœur du Christ. Marthe réagit avec tout son amour pour le Seigneur :

> « [...] protestant de mon fidèle amour et suppliant Jésus dans ma tendresse vivante de m'attirer tout entière sur sa Croix [...] d'en descendre Lui-même pour m'y clouer à sa place ! Grâce aussitôt obtenue. Parce que au même instant inondée, noyée dans une sorte d'ivresse. Je me vis en moins de temps qu'il ne faut pour le dire toute transformée, configurée en Notre Seigneur, comme si tout mon être s'était écoulé, fondu en Lui !... Je n'étais plus... Je ne vivais plus » (Journal intime, 26 janvier 1932).

Marthe relate ce qu'elle a vécu dans cette rencontre avec Jésus crucifié. Ce qu'un croyant peut percevoir dans une méditation de la Croix, qui devient le centre de sa prière, Marthe le vit intensément dans une communion mystique avec Jésus. Il n'y a pas que la souffrance mais un cœur à cœur avec le Seigneur. L'amour de Marthe pour la personne du Christ Jésus donne à cette rencontre une dimension divine qui l'unifie. Elle n'hésite pas à parler de transformation, terme qui désigne l'influence du Christ sur sa propre personne. Le Christ touche son cœur et lui donne la joie de pouvoir aimer comme Lui. D'où cette expression qui peut paraître excessive à des non-initiés :

> « Noyée dans une sorte d'ivresse [...] je me vis [...] toute configurée en Notre Seigneur » (Journal intime, 26 janvier 1932).

Cependant la souffrance de la Croix est là puisque la vision lui présente Jésus mourant sur la Croix :

> « La couronne d'épines, les clous des mains, des pieds, la lance acérée pénétraient, transperçaient si violemment mon cœur, ma chair qu'il me semblait être criblée, traversée d'outre en outre, tandis que j'étais plongée,

tout mon être, dans un abîme de feu » (Journal intime, 26 janvier 1932).

Marthe n'expérimente pas une souffrance théorique mais celle du Christ telle que Jésus veut bien lui permettre de la percevoir pour répondre à sa soif de l'aimer. La présence du Seigneur, tout Amour, l'introduit dans une nouvelle prise de conscience : la souffrance du Christ. Comment Dieu fait homme en Jésus peut-il souffrir ? Pourquoi souffre-t-il ? Comment assume-t-il cette souffrance ?

Saint Paul est l'un des premiers à vivre ce mystère de configuration au Christ : « Je suis pour jamais crucifié avec le Christ, ce n'est plus moi qui vis c'est le Christ qui vit en moi. Présentement, il est vrai, je vis dans la chair, mais j'y vis dans la foi du Fils de Dieu qui m'a aimé et qui s'est livré pour moi » (Gal 2, 19-20) et « Je me réjouis à cette heure des souffrances que j'endure pour vous, et je complète en ma chair ce qui manque aux épreuves du Christ pour son corps c'est-à-dire l'Église » (Col 1, 24).

La prière de Marthe nous aide à faire nôtre ce témoignage de Paul. Tous nous sommes appelés à vivre de l'intimité du Christ selon son grand dessein sur l'humanité entière : « Demeurez en moi, comme moi en vous. [...] Moi je suis la vigne, vous les sarments. [...] Comme le Père m'a aimé, moi aussi je vous ai aimés. Demeurez en mon amour » (Jn 15, 4-5.9).

> « Jamais, écrit Marthe, je ne m'étais trouvée dans un état de si complète transformation en l'adorable Humanité souffrante et aimante de Jésus. De Jésus assimilant, absorbant, épuisant, fondant tout mon être en Lui ! [...] Cette véritable configuration en la ressemblance du sacrifice de Jésus Crucifié qui s'est faite par un mystique embrasement de l'amour divin me laisse fort heureusement sans marques extérieures » (Journal intime, 26 janvier 1932).

Marthe demande souvent au Seigneur qu'on ne voie pas ses stigmates. Son désir est de passer sur cette terre humble et silencieuse comme Marie, sa bien-aimée maman.

Par la suite, vers 1939, la maladie progressant, le virus détruira le centre de sa vision. Marthe devient aveugle. Ses visiteurs ne verront ni son visage ni ses stigmates. Elle doit demeurer dans l'obscurité, les rayons lumineux du soleil provoquant une douleur extrême s'ils atteignent la pupille de ses yeux. Spontanément Marthe remercie la Vierge :

> « Et vive Marie ! Ma douce Maman. Car c'est à sa médiation toute maternelle que je dois cette fois encore de ne garder aucune

marque apparente. Mais on n'est pas assimilée à la Divine personne du Verbe, sans devenir un autre Lui-même. On n'est pas jetée dans le brasier consumant de l'Amour sans en ressortir renouvelée pour toujours ! » (Journal intime, 26 janvier 1932).

Dans cette expérience Marthe a conscience de l'action de l'Esprit-Saint qui nous unit à celle de Jésus. Pour nous, raisonner ainsi nous demande une attention réitérée à la Révélation. Selon notre éducation chrétienne nous avons tendance à localiser le Père au ciel, le Fils dans l'Eucharistie et le Saint-Esprit ailleurs. Nous croyons cependant qu'il n'y a qu'un seul Dieu. En contemplant le Christ en Croix souvenons-nous des paroles de Jésus : « Qui m'a vu a vu le Père » et « Nul ne connaît le Père si ce n'est le Fils et celui à qui le Fils veut bien le révéler ». (Jn 14, 9 et Mt 11, 27).

Dans le rayonnement du Saint-Esprit Marthe écrira aussi :

« Vie nouvelle dans un surcroît d'abandon et d'amour ! Plus que jamais livrée à l'action transformante de l'Esprit-Saint. […] Qu'importe la souffrance et la croix puisque j'ai l'amour… l'amour par-dessus tout. L'amour germé dans la pluie des larmes et épanoui sous les brûlants rayons de la douleur, l'amour mûrit dans les baisers d'un *Fiat* tout divin » (Journal intime, 26 janvier 1932).

Conçu dans « l'Esprit-Saint qui viendra sur toi » (Lc 1, 35), Jésus ne cessera d'agir avec Lui. Dans l'Esprit-Saint il affronte l'adversaire (Mt 4, 1), il apporte aux pauvres la Bonne Nouvelle et la parole de Dieu (Lc 4, 18). Au moment de mourir, dit saint Jean, il remet son Esprit à Dieu et, selon l'accord des exégètes, le transmet en même temps à son Église. Dès lors l'action de l'Esprit-Saint est de nous plonger dans le cœur de Dieu, de nous établir en communion vivante avec le Père et Fils : « L'Esprit-Saint en personne se joint à notre Esprit pour attester que nous sommes enfants de Dieu » (Rm 8, 16).

Marthe, saisie par l'Esprit-Saint, est ainsi en communion avec le Christ et participe à son univers d'Amour :

> « Pauvres mots pour parler d'un si grand miracle... d'ailleurs pourquoi des mots ? N'est-ce pas bien mieux de s'agenouiller devant l'œuvre opérée par l'Amour même, de la pénétrer, [...] de la sentir jusqu'au fond, pour la réaliser jusqu'au bout. [...] Vous seul, ô mon Dieu, mon Roi ! Vous seul toujours et... toujours Vous seul, par Marie ma Mère Chérie ! » (Journal intime, 26 janvier 1932).

De cette lecture découlent de nombreux enseignements sur l'expérience mystique de la stigmatisation de Marthe. Elle est donc entraînée dans la « lumière et non dans les ténèbres ». La présence du Seigneur ne saurait être totalement occultée par le mal du péché. Comme le dira saint Jean, « La Lumière luit dans les ténèbres » (Jn 1, 5). Les souffrances du Seigneur doivent être perçues dans la transparence de l'Amour infini et dans la clarté divine. La perspective de la résurrection vient éclairer le drame de la douleur et de la mort de Jésus. Marthe nous invite à prendre le chemin de l'adoration, « à aimer dans l'ardeur du silence », pour nous laisser toucher par le cœur de Jésus, comme Marie le fit au pied de la Croix. Nous sommes loin d'une réflexion abstraite sur la notion abusivement théorique de la rédemption. C'est dans un cœur à cœur intelligent et douloureux que la Parole du Christ nourrit notre pensée : « Il n'y a pas de plus grande preuve d'amour que de donner sa vie pour ses amis » (Jn 15, 13).

Marthe ne se laisse pas arrêter par les souffrances physiques de Jésus. Elle nous rappelle qu'elle communie aussi à « l'immense tristesse » provoquée par le cœur fermé des enfants de Dieu qui n'acceptent pas de se laisser aimer par Celui qui est Amour. Tous nos refus égoïstes qui se poursuivent aujourd'hui expriment la Passion de Jésus : « L'amour n'est pas aimé », dira Catherine de Sienne.

Dans cette même perspective, Marthe s'efforce de « fermer tant de blessures dont les jouissances coupables, le crime sont la cause » (Journal intime, 26 janvier 1932). Ce n'est pas le Père qui fait souffrir son Fils pour expier nos péchés, comme l'écrira Bossuet, ce sont les hommes qui par leurs péchés s'acharnent sur le Christ. La prière de Marthe est une invitation à la conversion en profondeur. Elle nous aide à percevoir notre responsabilité personnelle dans ce drame divin :

> « Oui, c'est délicieux de posséder Dieu pour le donner et d'accroître sans cesse ce Trésor Infini en souffrant à pleins bords.
>
> C'est si délicieux de se consumer entièrement dans son Amour pour sa Gloire !... C'est si délicieux de Lui dire notre amour et notre reconnaissance pendant que nous souffrons encore... C'est si délicieux de souffrir encore tout en vivant déjà dans l'Eternité. [...] et nous, nous pouvons souffrir comme Il a souffert » (Cahier 5, p. 1).

Par une grâce mystique et unique elle va pouvoir exprimer son amour au Seigneur en communiant à sa douleur :

> « Mais, que c'est délicieux de passer de souffrance en humiliation et réciproquement ! » (Cahier 18, p. 16).

En dépassant ses souffrances par l'Amour, Marthe découvrit la lumière de la joie divine. Elle vit une transformation complète d'elle-même à l'image des mystiques. Elle est « Comme Lui ». « Cette union est si intime que Jésus l'emporte avec Lui dans les diverses étapes de sa vie *humano divine* », dira le père Finet (Cahier 22, p. 11).

Sa démarche spirituelle est semblable à celle de l'Agneau. Elle rejoint le Christ dans l'intimité de son cœur douloureux se donnant pour manifester dans le Saint-Esprit la Miséricorde du Père :

> « Jésus m'apparaissait, dira-t-elle au père Finet, parfois dans son humanité douloureuse parfois glorieuse ou triomphante me montrant son Cœur aimant et douloureux, manifestant ses désirs » (Cahier 22, p. 11).

En Jésus, elle rejoignait la Trinité. Sans le savoir son expérience était semblable à celle de saint Jean de la Croix qui décrit à sa manière la communion de l'âme avec Dieu dans son poème « La vive flamme d'amour » (*Œuvres complètes*, Cerf, 1990, p. 478) :

« Ô brûlure suave !
Ô plaie délicieuse, Ô douce main !
Ô touche délicate !
Vous avez une saveur de Vie Éternelle
Et vous payez toutes dettes.
En m'immolant vous avez changé la mort en vie »

Jean de la Croix exprime lui aussi son expérience en termes de « douce blessure » et de souffrance dans la béatitude. Il présente les exigences d'une action divine à la fois purificatrice et épanouissante.

Saint Jean de la Croix poursuit l'explication de son poème :

« La première de ces grâces est une douce blessure qui est attribuée à l'Esprit-Saint ; pour ce motif l'âme la nomme brûlure suave.

La seconde est l'avant-goût de la vie éternelle ; le Fils en est l'auteur, et c'est pourquoi elle le désigne sous le nom de touche délicate.

La troisième consiste dans sa transformation en Dieu, don qui récompense amplement l'âme et qu'elle attribue au Père en employant l'expression douce main. »

Depuis octobre 1930 Marthe vit le mystère de l'intimité divine de la Passion. À nous de ne pas interpréter faussement son expérience en ne soulignant que certains aspects. Rappelons-nous les expressions de Jean van Rusbroek (*Œuvres choisies*, p. 158) : « Être blessé d'Amour c'est le sentiment le plus doux et aussi la peine la plus cuisante que l'on puisse éprouver [...] la blessure spirituelle donne joie et douleur à la fois. »

Marthe assumera une magnifique synthèse entre douleur et joie, souffrance et paix tandis qu'elle demeurera en communion avec la Passion et la Résurrection unie à la Trinité :

> « Ô Bienheureuse et Béatifiante Trinité ! Vous êtes l'Éternel foyer de la Lumière et de l'Amour dont l'ardeur ne s'éteint jamais. Vous êtes le Feu consumant dont la flamme s'étend de partout. Vous êtes la Lumière au-dessus de toute lumière, le Bien Suprême et Infini, la Beauté qui surpasse toute beauté. Vous êtes la paix et le repos des âmes !... Vous êtes l'Amour. Communier à la Trinité ! Quel honneur ! Quel bonheur ! Quelle ivresse ! Quel idéal de pureté ! Quel programme de vie ! Quel doux et ravissant mystère ! Passer sur la terre humble et silencieuse comme la Vierge, crucifiée avec le Christ, cloîtrée dans la Trinité en méprisant le plaisir qui passe ; n'avoir dans son âme et dans son cœur qu'un seul désir, qu'une pensée, qu'une ambition : celle de fixer sa vie au-

dessus de tout ce qui passe... plus haut que ce qui meurt : dans l'Éternel Amour » (Journal intime, 21 juillet 1932).

Marthe décrit à sa manière ce qui a déjà été formulé dans la tradition vivante de l'Église. Ces expressions rejoignent celles de saint Pierre Chrysologue : « Mais peut-être que l'énormité de ma Passion dont vous êtes les auteurs, vous couvre de honte ? Ne craignez pas. Cette croix a été mortelle non pour moi mais pour la mort. Les clous ne me pénètrent pas de douleur mais d'un amour encore plus profond envers vous. Les blessures ne provoquent pas mes gémissements mais elles vous font entrer davantage dans mon Cœur. L'écartèlement de mon Corps vous ouvre mes bras, il n'augmente pas mon supplice, mon sang n'est pas perdu pour moi mais il est versé pour votre rançon » (Homélies : « Tu as fait de nous un Royaume de prêtre pour notre Dieu », bréviaire, mardi 4e semaine).

Selon son charisme propre, Marthe Robin a pour mission de nous rappeler la présence de Jésus manifestant au monde son Amour malgré les violences de ses adversaires. Par la Croix, l'Amour de Dieu demeure enraciné sur cette terre.

Confidence de Marthe au père Finet sur la Passion

Poursuivant mes recherches, j'apprenais qu'à la mort du père Finet en 1988, on avait trouvé de nombreux textes écrits de sa main. Parmi beaucoup d'autres, on me signala quelques pages datées des 17, 18 et 29 janvier ainsi que du 1er février 1945, concernant l'expérience de Marthe pendant les Passions.

Le père Finet avait quarante-sept ans et Marthe quarante-trois. Depuis 1930 elle vivait la passion, toutes les semaines, du jeudi soir 21 heures au dimanche dans l'après-midi. L'Esprit-Saint avait inspiré à Marthe de transmettre au père Finet les Lumières qu'elle percevait, éclairant de son mieux la signification de la Passion.

Lors de la Passion du 19 janvier 1945, le père Finet écrivit : « 15 h 20. J'arrive et relève la tête de Marthe. Cette semaine elle m'a fait de nombreuses confidences sur la stigmatisation. Ce mystère d'Amour apparaît encore plus grand quand on l'approfondit. »

D'où cette série d'échanges entre eux, rythmée par les nuits de prière de Marthe, renouvelée par la Passion du vendredi 26 janvier 1945 pendant laquelle eut lieu une extase mariale de 15 h 35 à 16 h 7 comme l'a noté le père Finet : « La Sainte Vierge commence par relever Marthe elle-même, offrande pour les grandes intentions, Marthe sent la vie lui échapper, je demande à la Vierge de la fortifier. »

De ce texte très long, je ne dégagerai que quelques confidences. Elles nous permettront de mieux entrevoir les caractéristiques de l'œuvre du Seigneur. Marthe témoigne clairement de l'origine divine de son expérience mystique de la Passion et des desseins du Seigneur :

> « L'âme ne saurait exprimer ce qu'elle ressent tant c'est surnaturel et divin et sentir en même temps [...]. On va sans savoir où le bon Dieu emporte, on sait que c'est Lui dans sa volonté, dans son amour. [...] Ce qui s'est passé en elle jusque-là était bien de lui et non d'elle [...]. L'âme est emportée si loin qu'elle ne peut plus reculer et qu'elle ne le veut pas. [...] L'âme est l'objet d'une volonté infiniment supérieure, autre que la sienne » (Cahier 22, 17 janvier 1945).

Marthe décrit cette intime communion avec Jésus qui lui permet de dépasser la souffrance pour rencontrer le Cœur du Christ :

> « L'âme est déjà dans cette intimité d'Amour et de souffrance avec Lui comme elle est déjà

> dans cette intimité divine en ce qui concerne le dessein de son Cœur sur les âmes. [...] C'est dans cette union d'Amour devenue Lumière que Notre Seigneur révèle à l'âme ce qu'Il veut faire en Elle. [...] Car depuis longtemps je ne fais réellement plus qu'un et sans cesse avec la croix de Jésus et avec Jésus en croix... parce que la croix est en moi et qu'il est Lui, en moi toujours et qu'il continue par ma misère et dans ma misère sa Passion d'Amour. [...] Au début, il y a une sorte de Lui à nous qui n'existe plus maintenant parce que l'union est si complète que c'est uniquement Lui » (Cahier 22, 17 janvier 1945).

Ce n'est pas Dieu qui a besoin de la souffrance pour « expier » le péché des hommes, c'est le Père qui souffre dans la personne de son Fils de la violence des pécheurs. Sa réponse est sa miséricorde. Il est lui-même l'Agneau, la victime innocente :

> « Je te fais don de ma propre croix toute rouge de mon sang divin. Reçois-la, ma Bien-Aimée, comme le plus riche présent de mon Cœur, comme le plus puissant témoignage de mon Amour. [...] C'est de mes mains divines que je te fixe sur elle, pour que par ma croix tu t'offres et glorifies le Père avec Moi et comme Moi [...]. Je t'appellerai ma petite sacrifiée d'Amour » (Cahier 22, 29 janvier 1945).

> « Il est nettement révélé à l'âme ce qui va être fait en elle en même temps qu'elle est invitée à ne pas s'y dérober : c'est une imposition amoureuse de la part de Notre Seigneur qui lui a imprimé dans son être les plaies de son crucifiement. Le Bon Dieu prépare par des prières à dire oui à sa volonté » (Cahier 22, 17 janvier 1945).

La Passion est manifestation d'Amour du Père, du Fils et du Saint-Esprit. La puissance humble de l'Amour de Dieu touche le cœur non seulement du Père mais le nôtre aussi. Marthe témoigne de l'équilibre dynamique de la vie sur la mort :

> « L'âme est dans cette intimité d'Amour et de souffrance avec Lui. [...] Dans sa divine volonté, dans son Amour. [...] Dans cette union d'Amour devenue Lumière. [...] Jésus m'apparaissait dans ces moments-là parfois dans son humanité douloureuse, parfois glorieuse ou triomphante [...] me montrant son cœur aimant et douloureux » (Cahier 22, 17 et 18 janvier 1945).

Les traits de la transfiguration « partent du cœur divin de Jésus » :

> « Je restais dans cet état de souffrance et d'amour. [...] J'acceptais la croix en la couvrant de baisers et en l'étreignant avec Amour.

[…] C'est dans un suprême sursaut d'Amour et d'abandon à la divine volonté que l'âme s'écrie, je veux faire votre volonté… vos desseins d'Amour en moi pour la conversion des pécheurs… […] La douleur est si forte que j'en reste écrasée et humainement incapable d'Amour, sans un réconfort divin et l'invitation pleine d'Amour de Notre Seigneur à le suivre jusqu'au bout » (Cahier 22, 29 janvier et 1er février 1945).

Marthe décrit les principales étapes de la Passion qu'elle vit peu à peu chaque semaine :

L'agonie

« Chaque jeudi, tout mon être est étreint de souffrances spéciales, angoisses, tristesses, douleurs de l'âme, du cœur et du corps, qui vont en augmentant au fur et à mesure qu'approche l'état d'agonie. […] L'âme succombe sous le poids du péché qu'elle porte. Elle a peur, très peur. […] Devenue péché elle est écrasée sous ce poids, bannie de Dieu (le péché est le rejet de Dieu par les pécheurs). […] Les démons qui s'acharnent contre l'âme pour l'empêcher d'accepter la volonté de Dieu dont elle ne sent absolument plus le soutien. […] Impuissants contre l'âme, les démons s'attaquent au pauvre corps […]. Tout l'être agonise, emporté si loin dans la douleur qu'aucun secours extérieur n'arrive jusqu'à lui […] alors que dans un suprême sursaut d'amour et d'abandon à la divine volonté, dominant tout l'enfer, l'âme s'écrie : "Père, voici que je viens pour faire votre volonté et accomplir tous vos desseins d'amour en moi, pour la conversion des pécheurs [...]." Fortifiée par cette acceptation, [...] l'âme suit Jésus dans toute sa Passion. Il est à peu près 9 heures du soir. [...] Elle souffre de la douleur même de Jésus devant la gloire du Père outragé et pour tous les péchés qui montent de la terre. [...] L'âme divinement fortifiée par Dieu lui-même dont elle accomplit le Dessein d'Amour devient caution pour les pécheurs. [...] Dans cet état de douleur et d'Amour elle s'avance avec Jésus pleinement associée à toutes les douloureuses étapes de sa Passion, souffrant tout avec Lui et comme Lui » (Cahier 22, 29 et 30 janvier 1945).

La montée au calvaire

« Je continue ainsi à suivre Jésus [...] vivant les invectives des bourreaux qui me sont répétées par les démons lors de son arrestation. [...] Je ressens les morsures cuisantes des liens. [...] Éprouvant en tout moi-même, comme si je tombais réellement. [...] Au Forum [...] je connais toutes les souffrances de Jésus, celles de la flagellation. [...] Au couronnement d'épines, la douloureuse couronne de Jésus qui ne quitte jamais mon front. [...] La douleur est si forte que j'en reste incapable d'avancer, sans un réconfort divin et l'invitation toute pleine d'amour de Notre Seigneur. [...] Je connais d'une manière toute intime que tout ce que j'endure est voulu par Jésus et s'accomplit en moi par son vouloir d'amour » (Cahier 22, 1er février 1945).

Le calvaire

La description que donne Marthe est totalement imprévue :

« Arrivée au Calvaire, pendant les préparatifs du crucifiement, mon âme est remplie de douleurs et d'allégresse, en face de la Volonté du Père qui arrive à parfait accomplissement en moi. [...] Je me laisse étendre sur la croix par Jésus et crucifier dans tous mes membres par un effet tout direct de sa volonté [...]. Tout mon être livré à l'amour, à la justice du Père avec Jésus [...] soutenue par la prière de la Sainte Vierge [...] assistée des anges. [...] Dans cette offrande toute pure [...] des prières montent de mon cœur [...] malgré la colère de l'enfer qui s'acharne en m'empêchant de parler en me serrant la gorge. [...] Je sens venir la mort dans l'abandon suprême du ciel » (Cahier 22, 1er février 1945).

Nous ne trouvons aucune indication sur la Résurrection. Pourquoi ? Parce que selon la coutume liturgique de l'époque, les méditations sur la Passion s'achevaient à la mort du Christ en Croix. La prédication de la Résurrection tenait une place restreinte dans la théologie. Cependant, Marthe vivra l'étape de la Résurrection. Nous le constaterons lorsque nous réfléchirons à partir du long récit de la passion de Marthe inspiré de celui d'Anne-Catherine Emmerick. Nous connaissons également la richesse des actions de grâce de Marthe et le témoignage des personnes qui venaient lui rendre visite et qui étaient touchées par la joie et l'espérance de l'entretien dans la lueur transparente de sa chambre de la Plaine :

> « Sainte Communion. L'amour m'enveloppe ! Je me sens tout inondée, envahie d'amour. Mon âme est tout entière ensevelie, absorbée dans cette immensité de flammes... Je me perds en Dieu. [...] Ô bonheur ! Je ne suis plus que la petite hostie des désirs de Jésus. Mon doux Bien-Aimé ! Vivez tout entier en votre petite hostie afin qu'elle vive entièrement en vous » (Journal intime, 3 octobre 1931).

Marthe nous permet de mieux vivre la grandeur du dessein d'Amour du Père tel qu'il se réalise à travers les âges et dans son éternité.

Les stigmatisés vivent les richesses de la passion dans les lumières mystiques qui les enracinent dans l'océan de l'Amour. Les fidèles que nous sommes assument dans la lumière de la foi et de la charité divine les merveilles de la messe qui nous sauvent de nous-mêmes et nous unissent au sacrifice de la Croix de Jésus. « Jésus ne souffre plus dans sa gloire, disait Marthe, il demeure offert. » Nous pouvons, nous-mêmes, dans l'absolu de l'Amour souffrir le mystère de la Croix.

IV

Récit de la douloureuse Passion

MARTHE, DEPUIS L'AUTOMNE 1930, vit donc une communion très intime avec Jésus chaque semaine. La passion assumée du jeudi au dimanche est la source d'un cœur à cœur émouvant de tendresse dans le Christ. Transformée par une telle expérience mystique, Marthe veut en rendre compte à son père spirituel, le curé de Châteauneuf-de-Galaure :

> « Ces modestes pages n'ont été écrites que sous le commandement et suivant le conseil de mon Directeur et pour lui seul » (Cahier 9, feuille volante).

Elle rédige ce document important, qui sera sans doute publié un jour selon les indications du père Finet, fondateur des Foyers de Charité, à qui elle a confié ce texte pour le bien de l'Église. Elle est habitée par le désir de faire partager à d'autres les merveilles spirituelles dont elle est comblée. Elle fait un travail intense de rédaction en pensant aux âmes qui pourront être touchées par le Seigneur à la lecture de son témoignage :

> « À cette heure de votre Prière, Seigneur, Vous m'avez vue, Vous m'avez aimée, Vous avez prié pour moi, pour nous… et pour tous ceux qui dans la suite des âges croiraient en Vous, à la parole de vos Apôtres. Mon nom a donc été écrit avec tous les autres dans le Saint Évangile, dans Lequel il a été particulièrement question de tous » (Cahier 9, p. 32).

En authentique mystique, Marthe avait une totale confiance en l'Église et s'en référait au discernement de son père spirituel tout au proposant aux chrétiens qui l'entouraient le fruit de sa prière. Elle cherchait à vérifier si ses visions rejoignaient l'expérience spirituelle d'autres âmes privilégiées. Elle luttait enfin contre la désagrégation de sa personnalité, déstabilisée par les conséquences de sa terrible maladie. Comme me l'avait fait remarquer un psychiatre chrétien, il y a vingt ans environ, sa foi et sa prière l'ont aidée à se reconstruire humainement. Elle était déstructurée et perdue, ravagée intérieurement. Elle aurait pu tomber dans le déséquilibre total ou dans la mort. Elle a reconstitué son « moi » par son recueillement spirituel. Elle avait donc besoin d'exprimer sa vie mystique dans laquelle elle partageait sa propre vie.

Sa réflexion va s'exprimer en se basant sur le livre d'Anne-Catherine Emmerick et de Clemens Brentano, son secrétaire : *Douloureuse Passion de Notre Seigneur Jésus-Christ*. Marthe, comme beaucoup de chrétiens de son époque, a lu ce récit qui a été une nourriture pour son âme. Elle va présenter sa propre pensée en utilisant ce texte et en le travaillant à sa manière. Elle ne pouvait pas savoir, à l'époque, que ce texte ne serait plus attribué à Catherine Emmerick mais à Clemens Brentano. Écrivain romantique allemand du XIXe siècle, il s'était passionné pour les visions de celle-ci, jusqu'à venir habiter près de chez elle, renonçant à la vie plus agréable d'une grande ville. Compte tenu de ses capacités personnelles d'écrivain, il n'a pas hésité à étoffer les confidences d'Anne-Catherine Emmerick par d'autres sources, y introduisant des erreurs théologiques au point qu'il a été démontré que ce texte ne pouvait pas être attribué à Anne-Catherine Emmerick.

Je me suis rendu en Allemagne où j'ai rencontré le nouveau postulateur de la cause de béatification d'Anne-Catherine Emmerick. Il m'a confié que le procès de béatification avait ainsi été interrompu, vers 1930, compte tenu des erreurs théologiques du texte de

Clemens Brentano. Il m'a précisé que des études avaient été entreprises. Elles ont démontré qu'on ne pouvait, en toute honnêteté scientifique, attribuer ce texte à Anne-Catherine Emmerick. Dès lors, elle ne pouvait être l'auteur de ces erreurs. C'est ainsi que son procès a été repris et que nous avons eu la joie d'apprendre sa béatification en octobre 2004.

Marthe, n'ayant pas dans son humble paroisse tous les renseignements que nous avons actuellement, a cru bon de suivre ce texte de la *Douloureuse Passion de Notre Seigneur Jésus-Christ*, en toute quiétude, puisque ce livre se trouvait à la bibliothèque paroissiale.

Comme Anne-Catherine Emmerick, Marthe Robin avait des « visions ». Par conséquent il est important de savoir interpréter le sens littéraire de leurs écrits et de ne pas faussement attribuer aux auteurs des intentions qu'ils n'ont jamais eues. Une méditation sur le mystère de la Passion et de la Résurrection du Seigneur, comme tout chrétien peut la faire, est totalement différente d'un charisme spécial qui va éclairer la réflexion d'une personne qui voit « ce que son cœur médite ».

Ce qu'écrivait le cardinal Ratzinger le 25 juin 2000 à propos du troisième secret de Fatima peut éclairer notre réflexion : « Il ne s'agit pas de la perception normale extérieure des sens : les images et les figures qui sont vues ne se trouvent pas extérieurement dans l'espace, comme s'y trouve par exemple un arbre ou une maison. Cela est absolument évident, par exemple, en ce qui concerne la vision de l'enfer ou encore la vision décrite dans la troisième partie du "secret", mais cela peut se montrer très facilement aussi pour les autres visions, surtout parce que toutes les personnes présentes ne les voient pas, mais en réalité seulement les "voyants". Ces visions ne sont donc jamais de simples photographies de l'au-delà mais elles portent aussi en elles-mêmes les possibilités et les limites du sujet qui les perçoit. [...] Les images décrites par les enfants sont le fruit d'une réelle perception d'origine supérieure et intérieure, elles ne sont pas non plus à envisager comme si, pour un instant, le voile de l'au-delà avait été enlevé et que le ciel apparaissait dans ce qu'il a de purement essentiel, de la manière dont nous espérons le voir un jour dans l'union définitive avec Dieu. »

Il convient de considérer les visions de Marthe Robin comme des expressions religieuses dont l'origine est le mystère de Dieu mais dont la présentation reste dépendante des limites humaines et psychologiques de leurs auteurs. Le texte évangélique est simple quand il décrit la flagellation, la montée au calvaire ou les dernières paroles du Christ en Croix. La sobriété et la densité de la parole inspirée sont telles que chaque chrétien, depuis vingt siècles, peut donner une interprétation originale.

Nous accueillons ainsi le travail de Marthe Robin comme l'expression d'une prière éclairée par l'Esprit-Saint pour présenter en image ce que perçoit le cœur : « Il y a beaucoup de demeures dans la maison du Père » (Jn 14, 2). Ne soyons pas étonnés de la multiplicité des récits offerts par les mystiques qui s'approchent du mystère de la Croix. Nous ne pouvons attribuer une valeur absolue et définitive à des considérations qui sont marquées par les limites culturelles de leurs auteurs.

Nous devons tenir compte également des conditions de rédaction d'un tel ouvrage :

> « J'ai préféré taire, précise Marthe, tout ce que je n'avais pas bien vu ou mal entendu, plutôt que de mettre des choses susceptibles à contradictions [...]. Mon émotion était d'ailleurs toujours si grande chaque fois, mes souffrances si vives quand il me faut faire tous ces récits [...]. Il est tellement difficile, dans toutes ces apparitions, intuitions, révélations, visions, et dans ces extases douloureuses, de conserver parfaitement et d'une façon suffisamment claire dans sa pauvre mémoire la concordance de tous ces nombreux faits, pour les répéter ensuite assez bien. [...]

Je suis d'ailleurs toujours si malade après de tels jours et tellement accablée par la douleur de mes propres péchés et de tous les péchés de l'humanité, cause de tant de souffrances pour Jésus et sa Divine Mère, et par mon impuissance à les empêcher, [...] que je suis de plus en plus anéantie chaque fois [...].

Voir ainsi le fond des âmes, le fond intime des cœurs ; voir en même temps l'immense, le splendide, le divin et si parfait et combien miséricordieux Amour du Seigneur pour l'ingrate [...], est quelque chose de tellement touchant, [...] qu'on est comme rendu incapable de rien dire » (Cahier 9, p. 39).

Nous ne sommes pas en présence d'une réflexion théologique rédigée d'une manière théorique mais d'une expression incarnée de l'amour du Seigneur pour nous tous.

Tout vient de la Passion, de ce dessein d'amour et de miséricorde qu'est le salut du monde, à partir duquel Marthe s'émerveille des grâces du Seigneur. Vingt siècles plus tard, le chrétien vivant sa messe comme le centre de son existence perçoit à quel point son activité au cours de la journée est la transcription de cette eucharistie qui éclaire toutes ses démarches. De même que la messe est le cœur de l'activité humaine pour un catholique, de même l'expérience de la Passion de Jésus sera la source des réflexions de Marthe sur son comportement quotidien. Tout se rapporte à l'Amour du Christ.

Joie et souffrance dans cette expérience mystique

Nous retrouvons dans ce récit de la Passion les idées maîtresses des Béatitudes. Apparaît le paradoxe d'une souffrance incommensurable et d'une joie divine qui illuminent le cheminement spirituel de Marthe. Tout au long du récit de la *Douloureuse Passion*, à partir de l'agonie jusqu'au sommet du Calvaire, nous constaterons combien Marthe est sensible à cette présence à la fois douloureuse et pleine d'espérance de Jésus. Cette souffrance est fondamentalement expression de l'amour du Seigneur. La douleur est plus qu'une douleur puisqu'elle est transfigurée par la puissance de l'Amour divin.

Parlant de Jésus lors de l'Institution de l'Eucharistie, Marthe écrira :

> « En disant cela, le Seigneur était tout rempli d'enthousiasme et d'Amour, quoique, par moments, son divin visage paraissait soudainement s'assombrir. Mais il reprenait aussitôt toute sa sublime sérénité qui impressionnait si favorablement ses Apôtres.
>
> Quelque chose d'ineffablement pur rayonnait sur son Visage et sur toute sa Personne, et Il paraissait comme transfiguré. La noblesse de son Âme transparaissait dans tous ses mou-

vements et tous ses gestes, comme le charme enveloppant et indéfinissable de son regard reflétait l'infini et attirait à Lui tous les cœurs » (Cahier 9, p. 35).

La transcendance de la Croix devient à l'école du Seigneur source de confiance dans la douleur : « Venez à moi vous tous qui peinez et ployez sous le fardeau et moi je vous soulagerai [...] chargez-vous de mon joug [...] et vous trouverez soulagement pour vos âmes », disait Jésus (Jn 11, 28).

Marthe en fait l'expérience en poursuivant sa méditation sur la grandeur de l'Eucharistie :

> « Ainsi j'expérimente à tout instant, avec un véritable profit surnaturel, qu'il n'y a rien de redoutable là où règne l'Amour du Père ! Rien de douloureux là où se trouve la Gloire du Christ, et que les épreuves même les plus cruelles, les souffrances même les plus crucifiantes, sont non seulement sans effet néfaste pour l'âme, elles sont non seulement un terrible échec pour le perfide serpent, mais un grand bien divin pour ceux qui aiment Dieu et qui le servent par amour et non par crainte, car ils vivront à jamais avec Lui. C'est ainsi, comme je l'ai dit d'ailleurs dans les pages précédentes, que j'ai toujours vu la célébration de la Pâque et l'Institution de la Sainte Eucharistic ct du Saccrdocc, dans la vision surnaturelle de Dieu » (Cahier 9, p. 38).

De même Marthe sera très émue d'entendre le Fils demander à son Père : « Pourquoi m'avez-vous abandonné ? » Dans un long commentaire, elle communiera à la détresse du Seigneur tout en demeurant dans l'espérance :

> « Seigneur, donnez-nous à tous et à chacun le sentiment profond de votre passion d'Amour, donnez-nous la douceur de l'aimer, de la pénétrer jusqu'au fond, jusqu'au centre intime de votre Cœur si aimant [...]. La divine sensibilité du Christ surpassait à l'infini tout ce que l'on pourrait en dire et imaginer. C'est pourquoi nous aimant d'un Amour qui dépassait toutes les limites de la raison [...]. Qu'y a-t-il, en effet, pour un Cœur brûlant et dévoré d'Amour, de plus cruel et de plus amer que l'indifférence, qui n'est pas moins coupable et injurieuse que le mépris ?.... Ce fut elle qui broya son Cœur au Jardin de Gethsémani et Lui fit répandre une sueur de Sang... C'est elle encore et toujours qui le broie et en fait tous les jours jaillir l'eau et le sang ! [...] Cette dernière parole extraite d'un Psaume [...] exprimait à la fois l'horreur de son Abandon et la Puissance de son divin attachement au Père » (Cahier 13, p. 69).

Marthe terminera sa prière en rappelant la puissance du pardon qui transforme la souffrance de la haine en joie parfaite :

« [...] quand la monstrueuse ingratitude de tous révolte notre être, pensons au Pardon et à la Miséricorde infinie de Jésus sur sa Croix et pardonnons nous-mêmes à tous du fond du cœur. Unissons-nous à Jésus dans toute sa Passion et nous garderons à l'égard de tous des sentiments très purs et nous jouirons de l'immense joie du pardon qui convient à de vrais enfants du Bon Dieu » (Cahier 13, p. 65).

La prière de Marthe est toute nourrie de celle de Marie vivant la Passion de son Fils. Elle perçoit auprès d'elle cette immense souffrance d'une mère qui ressent celle de son fils. Mais, comme Lui, elle les vit dans une plénitude intérieure d'origine divine :

« La douleur de Marie est infinie. Pourtant il ne faudrait pas se représenter sa souffrance comme un océan d'amertume que n'éclaire aucun rayon d'En Haut. Loin de là, Elle est si parfaitement heureuse dans son immense douleur de faire jusqu'au bout la Volonté du Père et de contribuer largement par son Amour et son Offrande au Plan Rédempteur et Éternel de Dieu. Elle enfante avec Jésus une humanité nouvelle à la Vie divine. Elle prévoyait aussi la Résurrection prochaine et l'exaltation universelle du Divin Crucifié. [...] La très Sainte Vierge comprenait parfaitement que son Fils Bien-Aimé était dévoré d'une autre

> soif que celle dont on pouvait le soulager [...]. La divine soif des âmes qui à cette heure et dans la suite des siècles se refuseraient à son Amour, pendant que du haut de la Croix Il lavait tous leurs péchés dans son Sang Rédempteur.
>
> Il avait soif de laver tous les péchés de l'humanité en les expiant tous par ses Souffrances infinies, dans le Sacrifice suprême de sa vie par un Grand Don d'Amour qu'Il fait au Père en faveur de chaque âme. [...] Mais voici que cet indicible martyre faisait place en Jésus à une Paix immense et suave. [...] Jésus constatait en ce moment suprême avec une satisfaction toute d'Amour qu'Il avait accompli toute la Mission que lui avait confiée le Père et prononçant encore une dernière parole de soumission à l'Adorable Volonté de Dieu : Tout est consommé, dit-Il ! » (Cahier 14, p. 9).

Pour Marthe tout est vécu dans l'Amour, transfiguré par l'Amour qui se révèle comme miséricordieux. Cette œuvre se poursuit en particulier dans le cœur de la Vierge :

> « Au dernier cri d'Amour de son Divin Fils un dernier glaive de douleur transperça le Cœur si maternellement aimant de Marie comme d'une épée [...]. Jésus a maintenant succombé à la Mort, mais à la mort qu'Il a vaincue, Il donne une signification divine, une signification d'Amour. Elle ne sera pour Lui d'ailleurs qu'un passage rapide et Il lui enlève

pour tous toute son horreur par le rayonnement de la Résurrection promise » (Cahier 14, p. 15).

Au pied de la Croix, l'absolu du mal était vaincu car apparaissaient les fruits de l'Amour dans le cœur de ceux qui déjà se convertissaient. Pour Marthe, la Vierge dans sa souffrance perçoit les fruits de l'offrande de son Fils :

> « Quelle joie profonde pour le Cœur de Marie dans son immense douleur de pouvoir constater les effets immédiats de la Rédemption qui commençait aussitôt après la Mort de Jésus à porter ses fruits. La défaite apparente se changeait aussitôt en victoire sur les témoins de la Passion de Jésus. Immédiatement la haine faisait place à l'Amour et au repentir le plus pur et le plus sincère » (Cahier 14, p. 6).

Les souffrances du Christ ont toutes été vécues dans la douceur de l'Amour du Fils pour le Père et dans l'Esprit. Cette communion divine n'a jamais cessé durant le drame de la Croix, mystère d'un seul Dieu en trois personnes. Jésus demeurant toujours fidèle à la volonté du Père, ne voulant pas répondre à la force par la force, Marthe aura cette expression audacieuse mais vraie :

« Ô Esprit d'Amour, vous qui avez porté le dernier coup mortel à la divine victime de notre salut, revenez et rendez-lui la vie qu'il est venu apporter au monde. [...] venez écouter sa plainte d'amour, c'est lui-même qui réclame que je l'aime et que tous l'aiment à en mourir. Père, glorifiez votre Fils pour que votre Fils vous glorifie sur la terre comme au ciel » (Cahier 14, p. 11).

Justice et amour

Depuis notre enfance nous abordons la Croix du Christ avec réticence car aucun de nous n'a d'attrait pour les scènes de violence, de massacre ou de torture. « Beaucoup de chrétiens sortent de l'église le dimanche en paraissant oublier que la messe est l'évocation sacramentelle d'une condamnation à une peine capitale », estimait Julien Green. De multiples difficultés apparaissent lorsque nous voulons essayer de mieux pénétrer les pensées et les desseins du Seigneur durant le mystère de sa Passion :

— comment le fait de souffrir peut-il rétablir la justice de Dieu offensée par le péché ?

— Comment Dieu peut-il tolérer le mal ?

— Comment peut-il utiliser le mal pour que soit manifestée sa justice ?

— Pourquoi n'a-t-il pas évité la souffrance et la mort de son Fils ?

— Sa puissance infinie ne pourrait-elle pas absorber la souffrance et la douleur ?

Le conflit entre justice et amour

Notre intelligence se trouve prise dans un conflit entre la justice divine et l'amour infini du Seigneur. Marthe avait compris au catéchisme que la Rédemption était « le mystère de Jésus-Christ mort sur la Croix pour racheter tous les hommes ». L'Église de France, à son époque, restait très imprégnée par le jansénisme, un courant théologique qui soulignait les exigences absolues de la vérité divine, la nécessité d'une expiation rigoureuse de ses péchés, la gravité extrême des fautes mortelles et la peur angoissée du Jugement dernier. Ces expressions excessives, bien que rejetées par l'Église, demeuraient enracinées dans les âmes. Le raisonnement était le suivant : certains ont pensé que la justice divine exigeait une réparation de l'offense faite au Créateur par les péchés des créatures ; celle-ci ne pouvait être réalisée que par les souffrances infligées au Christ, le Fils de Dieu qui rétablissait la dignité du Père.

Marthe ne suivra pas cette orientation.

Nous avons de la peine à concevoir ces déviations qui étaient admises par des théologiens et des prédicateurs de renom. Ainsi, à titre documentaire, voici la présentation de

Bossuet lors de la prédication du carême des minimes le 26 mars 1660 :

« Dieu arme contre lui sa main vengeresse, et presse une âme criminelle sous le poids intolérable de sa vengeance [...]. Tous les autres tourments dont nous avons considéré la rigueur extrême ne sont qu'un songe et une peinture à comparaison des douleurs, de l'oppression, de l'angoisse que souffre l'âme du divin Jésus sous la main de Dieu qui le frappe [...]. Il n'appartient qu'à Dieu de venger les injures [...]. Il fallait donc, mes frères, qu'il vînt lui-même contre son Fils avec ses foudres puisqu'il avait en lui nos péchés, il devait y mettre aussi sa juste vengeance. Il fallait, chrétiens, n'en doutant pas [...] que Dieu montre à son Fils [...] cet œil enflammé ; il le regarde non de ce regard qui ramène la sérénité mais de ce regard terrible qui allume le feu devant soi [...] dont il porte l'effroi dans les consciences [...]. Mon Dieu pourquoi vois-je contre moi ce visage dont vous étonnez les réprouvés ? [...] Je ne vois qu'un Dieu irrité [...]. Il rejetait son Fils et il nous ouvrait les bras ; il le regardait en colère et il jetait sur nous un regard de miséricorde [...]. Sa colère se passait en se déchargeant ; il frappait son Fils innocent luttant contre la colère de Dieu. C'est ce qui se faisait à la Croix, lisant dans les yeux de son Père qu'il était entièrement apaisé, vit qu'il était temps de quitter le monde. »

Comment admettre que le Père puisse se venger sur son Fils ? Marthe aura une tout autre conception, nourrie d'émerveillement devant l'efficacité et la surabondance de l'Amour miséricordieux :

> « Au moment où Jésus dit à Caïphe qu'il était vraiment le Fils de Dieu, je le voyais tout resplendissant de la lumière d'En Haut... Tellement beau et grand que de splendides rayons de feu s'échappaient de toute sa personne divinement transfigurée. Un ineffable rayon de lumière qu'il avait toujours caché avec soin sous le voile de son corps humain, laissant entrevoir en Lui tout un abîme des splendeurs éternelles de la Divinité et de l'Amour... ! Et j'avais moi-même l'immense et divine joie de voir dans une lumière intérieure Dieu le Père Tout-Puissant amoureusement penché sur son Fils Bien-Aimé, ce Fils objet de toutes ses inexprimables tendresses avec une complaisance infinie [...] et dont il se complaît et se rassasie à l'infini dans le Saint-Esprit par un inaltérable échange d'Amour entre eux (Cahier 11, p. 34).

Rappelons-nous que Bossuet n'était pas le seul et qu'en 1891 Monseigneur Hulst prêchait de même : « C'est la justice qu'il fallait d'abord contenter. Tant qu'elle réclamait son dû, la miséricorde était liée et comme impuissante. Dieu a donc commencé par faire justice […] c'est ici que s'épaissit l'ombre du mystère. Une substitution est décidée qui va mettre le juste, le saint à la place du coupable. »

Le père Monsabré, en 1880, dans sa prédication de carême, affirme gratuitement les mêmes options théologiques : « Dieu a trouvé dans son Christ ce qu'il aurait en vain cherché dans les autres victimes : le péché à châtier […]. Dieu voit en lui comme le péché vivant […], sa chair sacrée devient à notre place un objet maudit […]. L'Homme, l'humanité substituée aux pécheurs […], sur lequel la justice divine va se satisfaire […]. Il faut qu'il soit châtié » (Carême de 1880, « Amour et violence », p. 109).

Marthe dira :

> « Je voyais également de la même manière, comme si la divinité d'Amour qui est en Dieu disait au nom du Père et de Jésus Lui-même : si je pouvais souffrir, je le ferais pour l'homme que j'ai créé à mon image et à ma divine ressemblance et qui a défiguré mon œuvre en lui. Par le péché […] mais parce que je suis son Père et que je suis infiniment Bon et Miséricordieux, que je suis l'Amour, j'ai pris chair dans le Fils, afin que le Fils de l'Homme souffre pour tous les hommes qui ont offensé ma justice et refoulé mon Amour. Voici que Jésus est venu pour vaincre la mort, pour rendre la

> vie aux âmes et ouvrir les cœurs à l'Amour […] car la souffrance est ici un réel soulagement pour l'âme par l'affirmation et son don d'Amour qu'elle exprime à Jésus. […] La souffrance a des douceurs secrètes qu'on ne découvre qu'avec Jésus vivant en nous sa vie d'agonie, la belle vie de crucifié » (Cahier 11, p. 38-39).

Beaucoup d'autres auteurs pourraient être cités et confirmer cette conception étrange qui ne sera pas du tout celle de Marthe Robin ni de saint Thomas.

Conception de Marthe

Marthe vit la Passion de Jésus dans une tout autre synthèse théologique au contact de Celui qui est Tout Amour. La souffrance divine devient l'expression d'Amour et non d'un mal nécessaire qui nous justifierait, nous rendrait juste. C'est un cœur à cœur avec le Seigneur et non une simple réflexion théorique sur la notion de la passion :

> « Jésus m'attira amoureusement dans ses bras […]. Il prononça doucement ces paroles : "Personne que Moi, si ce n'est ma Mère, n'a encore souffert ce que tu souffres… Je t'ai associée et je veux te faire participer à toutes mes souffrances à la fois pour tous les péchés du monde et pour tous les peuples de la terre… Toutes mes souffrances, tous les tour-

ments de ma Passion se perpétueront en toi... Non seulement tu expérimenteras mes douleurs intimes, mais tu souffriras avec les mêmes sentiments qui m'ont animé durant toute mon inexprimable Agonie et dans toute ma douloureuse Passion et dans les mêmes dispositions que Moi... L'occupation divine sera poussée si loin en toi et la substitution en ton Jésus Bien-Aimé sera si complète qu'il n'y aura plus que Moi et Moi seul en toi. [...] Rien que Moi dans tout ce que tu es et dans tout ce que tu fais... Tu seras avec ma très Sainte Mère la Médiatrice et la Corédemptrice des pécheurs... Ta vie devenue la mienne en toi sera une perpétuelle rédemption d'Amour en faveur de l'humanité. [...] Tu seras avec ma Mère la dispensatrice de mes Grâces et de mes Dons, la médiatrice de compensation entre la terre et le Ciel. [...] Ta vie sera toute la mienne, toute celle de ma Mère en toi... Je serai Jésus en toi, le Jésus du Père en l'Esprit d'Amour [...]" » (Cahier 10, p. 24).

Après une longue description de la transformation de son âme au contact de celle du Christ, elle retrouve ce mystère de souffrance transfigurée par la joie :

« J'éprouve sans cesse dans tout mon être une douleur accablante, une angoisse et une tristesse mortelle et pourtant, je suis si heureuse que je surabonde de joie dans toutes mes souffrances. C'est la plénitude de la joie dans la plénitude de l'Amour et de la Croix ; d'ailleurs m'a dit Jésus : "Je veux que tu souries à tout, quand même je te broie, surtout parce que je te broie, à cause même que je te broie. Tu es à Moi, toute à Moi. Je veux que tu souffres avec les mêmes sentiments que j'ai soufferts sans demander pourquoi. [...] C'est à la vie et à la mort." » (Cahier 10, p. 45).

La justice divine assumée dans l'Amour

Introduite dans l'intimité divine, son intelligence est nourrie par la sagesse du Seigneur. Comme dit saint Paul : « Qui en effet a connu la pensée du Seigneur... ? Nous l'avons, nous la pensée du Christ » (1Cor 2, 16). Saisie par la profondeur du cœur de Dieu, Marthe nous transmet l'origine de toute sa réflexion.

Stances magnifiques :

> « Dieu est Amour [...] et tout Amour est en Dieu... tout Amour est Dieu [...] et Dieu est tout Amour !... Dieu est Amour en l'Éternelle Effusion de son Être Saint et Divin, en l'altruisme subsistant qui constitue les Trois Personnes Divines par l'appropriation communicante du même Être et du même Acte en l'Unité d'Amour ! » (Cahier 11, p. 19).

Dès lors que Dieu nous apprend à la contempler de plus haut, la souffrance prend une tout autre signification, elle n'est pas un châtiment mais une preuve d'Amour :

> « Mais la souffrance n'est pas seulement une épreuve, elle est avant tout et surtout une grande preuve d'Amour, un renouvellement de la Vie intérieure, de la Vie, de la Foi et de la Sainte Espérance, elle est comme un bain rajeunissant pour l'action [...]. Jésus nous apprend à voir plus haut, plus loin, avec plus d'Amour surtout, ce que le langage humain appelle douleur et souffrance ; mais qui n'est en réalité que la condition suprême d'une Éternité de bonheur et d'Amour dans le Ciel » (Cahier 11, p. 25).

Dans la méditation de l'agonie du Christ, Marthe a conscience de l'opposition entre la justice divine – qui a droit à la réparation – et la miséricorde – dont l'exigence va aller plus loin dans le mystère de l'Amour :

> « Pendant que l'humanité du Christ était ainsi écrasée sous cette effroyable masse de souffrances, je vis s'élever un mouvement de compassion dans les Anges qui parurent se consulter entre eux. Il me semble qu'ils désiraient tous ardemment le consoler et priaient à cet effet devant le trône de Dieu. Il y eut même durant quelques minutes comme un combat entre la Miséricorde et la Justice de Dieu... et l'Amour qui se sacrifiait. [...] Une image de Dieu me fut intellectuellement mon-

trée non sur un trône comme d'autres fois, mais dans une forme lumineuse. Je vis la nature divine du Fils dans la Personne du Père et comme retirée dans son Sein paternel. La Personne du Saint-Esprit procédait du Père et du Fils et les unissait parfaitement » (Cahier 10, p. 13).

Marthe poursuit :

« La personne du Saint-Esprit était en même temps comme entre Eux, mais au lieu de les séparer elle les unissait d'un seul et même Amour ; car les trois Personnes que je voyais distinctes les unes des autres étaient si unies ensemble qu'Elles ne faisaient qu'Une seule et même Nature dans l'Unité de la Trinité. Mais toutes ces choses sont tellement inexprimables dans notre pauvre langage humain qu'on ne peut en parler » (Cahier 10, p. 14).

La sagesse miséricordieuse l'emporte

« Toute réfugiée en son Dieu Bien-Aimé dont elle adore les desseins éternels, l'âme vit son Amour de Justice et non sa rigueur implacable, elle voit sa suprême miséricorde et non sa divine colère. Elle sait que Dieu qui frappe pour exaucer est le même Dieu qui pardonne et bénit et elle s'abandonne filialement à ses vouloirs infiniment sages et miséricordieux » (Cahier 13, p. 52).

Les violences qui se déchaînaient contre Jésus ne sauraient rendre impossible la grandeur de son Amour. Son silence est sa victoire sur les hurlements de ses adversaires. Marthe décrit ainsi l'épisode de Jésus devant le Sanhédrin et chez Caïphe :

> « Le divin silence de Jésus était en effet des plus impressionnants à voir au milieu de toute cette foule délirante, houleuse, et sans aucune dignité, s'acharnant ignominieusement sur Jésus [...]. Un grave silence règne maintenant dans la salle. Jésus fortifié par son Père proclame pour la première fois en public sa Divine Royauté d'Amour ! [...] Il y avait dans le ton de sa voix quelque chose de tellement grand, de tellement pur et beau, de si ferme en même temps et de si persuasif, de tellement imposant, que Caïphe en frissonna malgré lui !... » (Cahier 11, p. 33).

En présence de Caïphe, les sentiments de Jésus restent enracinés dans la contemplation et dans la sérénité. Marthe, contemplant la scène, fut plongée dans une attitude d'adoration devant tant d'Amour :

> « Le divin silence de Jésus en impressionnait en effet beaucoup et plusieurs soldats se sentirent tellement touchés par la Grâce qu'ils se retirèrent sous prétexte de malaises soudains [...]. Tenir constamment les yeux fixés

sur Dieu, se réjouir de ses perfections, s'anéantir constamment devant Lui, désirer ardemment que son règne arrive, qu'est-ce que tout cela sinon prier ? Telles étaient les dispositions habituelles de Jésus. Il n'a pas besoin comme nous d'élever de temps en temps son esprit et son cœur vers le Père, il y adhère sans cesse, il ne s'en détache jamais. [...] Sa vie n'est qu'un perpétuel acte d'Amour, une louange perpétuelle, une sublime adoration » (Cahier 15, p. 26).

Le mal est vaincu

Marthe était sans cesse attaquée par les puissances des ténèbres mais elle demeurera fidèle à la lumière et à l'Amour. Les violences morales et physiques de l'adversaire échoueront devant la qualité du cœur de la servante du Seigneur qui ne fera aucune concession, ni compromission pour adoucir l'intensité de la véritable lumière.

Avec le mal, la discussion n'est pas possible. C'est le rejet pur et simple : « Passe derrière moi, Satan » (Mt 16, 23). Marthe va connaître les souffrances infligées par « Lucifer » pour contraindre par la peur et la douleur sa volonté à se détourner de celle du Seigneur.

Le vendredi 3 janvier 1941, le père Finet écrit pendant une Passion : « Le démon la jette sur la commode et l'étrangle... hier au soir pendant l'offrande Marthe a eu très peur – attaque – étranglement.

14 h 25 – va-t'en, oh ! Va-t'en !

14 h 32 – Mon Dieu, mon Père... étranglements violents. Elle prie.

14 h 35 – Oui, Père... attente... elle prie – agitation – attaque. »

Le vendredi 12 janvier 1941 : « 13 h 45 – elle prie très longuement étant étranglée par les démons. »

Je pourrais multiplier les citations. Je n'oublie pas que de nos jours beaucoup de catholiques (je ne parle pas des agnostiques) ne croient plus à l'existence même du démon. Pardonnez-moi de rappeler l'enseignement de l'Église. Le pape Jean-Paul II, en 1986, dans son exhortation apostolique « Après le synode, réconciliation et pénitence », a précisé : « L'Église participe à la victoire du Christ sur le diable, car le Christ a donné à ses disciples le pouvoir de chasser les démons. L'Église exerce ce pouvoir victorieux moyennant la foi dans le Christ et la prière. »

Le Concile Vatican II (*Gaudium spes*, 22-3) dira : « Agneau innocent par son sang librement répandu, il nous a mérité la vie et en lui Dieu nous a réconciliés avec Lui-même et entre nous, nous arrachant à l'esclavage du diable et du péché. En sorte que chacun de nous peut dire avec l'apôtre : "Le Fils de Dieu m'a aimé et il s'est livré lui-même pour moi." » (Ga 2, 20).

Commentant le « Pater », le *Catéchisme de l'Église catholique* (p. 578) précise : « Dans cette demande le mal n'est pas une abstraction, mais il désigne une personne, Satan, le mauvais, l'ange qui s'oppose à Dieu. Le diable est celui qui se jette en "travers" du Dessein de Dieu et de son "œuvre de salut" accomplie dans le Christ. »

Quant à l'Évangile, on ne peut le lire sans que soit présenté par Jésus lui-même le rôle de l'adversaire soit dans ses paraboles, soit dans son enseignement, soit dans les guérisons de possédés.

On a pris l'habitude de discerner trois formes de manifestations diaboliques : la possession, l'infestation, la tentation.

La possession est un phénomène très rare, la personne perdant l'essentiel de son autonomie. Seul un exorciste nommé par l'évêque peut agir efficacement.

L'infestation est un déchaînement inhabituel de Satan auprès des personnes ayant une vie d'intimité très profonde avec Jésus. Ce sera le cas par exemple du Padre Pio en Italie, du curé d'Ars en France, d'Anne-Catherine Emmerick en Allemagne, etc. Il ne saurait être question d'exorcisme car « l'adversaire chassé par la porte revient par la fenêtre » mais d'une prière de compassion et d'apaisement.

Quant à la tentation, nous l'expérimentons tous selon la prière enseignée par Jésus : « Notre Père... ne permets pas que nous entrions dans la tentation mais délivre-nous du mauvais » (Mt 6, 13).

Marthe est littéralement infestée par l'adversaire alors que son âme demeure en état de prière. « Prier sans cesse et ne pas se décourager » (Lc 18, 1). Il y a en son cœur paradoxalement la joie de l'Amour de Jésus, la présence rayonnante de la Vierge et les terreurs de Satan.

Le père Finet a noté le 3 mars 1941 : « Samedi soir à 18 h 30 je suis venu dans la chambre de Marthe [...] elle a senti la présence de la Vierge, lui confiant toutes ses intentions, surtout sa douleur de ce qu'elle craignait le vendredi. » De fait, plus tard, le vendredi 17 mars 1941, le père Finet notera : « 15 h 15 j'arrive, j'essaie mais en vain de relever Marthe jetée contre la commode, elle est très secouée par le démon qui me l'arrache des mains. Je ne puis lui toucher la tête très douloureuse. Elle finit par retomber la tête contre la commode. »

Dans ses notes personnelles, le 26 février 1947, Marthe est très explicite :

« D'autres fois, ou par moments, ses attaques sont tout intérieures. Il cherche à me convaincre de l'inutilité de ma vie, de toutes mes souffrances, voulant m'entraîner au découragement et au désespoir, par des propos cyniques, jetant mille sarcasmes et blasphèmes contre Dieu, la Sainte Vierge et les Saints. Il attaque l'Église, le Souverain Pontife, les prêtres.

Il essaie de m'arrêter dans la mission que le Bon Dieu m'a confiée, m'injuriant dans mes appels au Bon Dieu et à la Sainte Vierge dans toutes mes prières, demandes et supplications.

J'appelle le Bon Dieu, j'appelle la Sainte Vierge, je prie et ne cesse de confier des âmes à leur amour. Le démon me frappe à chaque âme que je nomme devant le Bon Dieu et la Sainte Vierge. Extérieurement je demeure humainement écrasée des luttes constantes que j'ai à soutenir, mais intérieurement mon âme reste forte, entièrement dégagée de ces poursuites sataniques et pleinement résolue à continuer sa mission de rachat du monde et d'expiation des péchés. »

Ainsi, Marthe a connu la souffrance de sa maladie, la souffrance du Verbe de Vie en Croix, la souffrance infligée par l'adversaire. Mais cette douleur était assumée dans l'équilibre d'une vie où l'Amour de Dieu illuminait le ciel de son âme. Comme dit l'Apocalypse : « Voici la demeure de Dieu avec les hommes... Dieu avec eux sera leur Dieu... de mort il n'y en aura plus, de pleurs, de cris et de peine il n'y en aura plus car l'ancien monde s'en est allé » (Ap 21, 3).

Pour nous le combat de l'Amour se poursuit.

Le conflit assumé, transfiguré dans la prière

Tout au long de sa Passion, Jésus demeure en prière. Il assume dans le silence de son cœur toutes les cruautés dont il est victime. Il dépasse ainsi l'opposition de la justice et de l'amour. Jésus ne se contente pas de souffrir. Sa Passion est une longue et douloureuse prière dont l'Amour miséricordieux répond à l'injustice du péché. Marthe le décrit ainsi :

> « Priez sans cesse, leur répétait-il à chaque occasion [...]. Non qu'il passait tous ses jours et toutes ses nuits à réciter des formules ; mais il gardait constamment l'attitude de la prière.
>
> Sa vie intérieure était une perpétuelle extase. Mais il ne se contentait pas d'admirer la Gloire du Père : il Lui rendait Grâce surtout, et spécialement chaque fois qu'il sollicitait des faveurs nouvelles. Ce qu'il désire avant tout pour ses disciples, c'est le plus parfait des dons ; à savoir l'union intime avec Dieu, la déification : "Moi en eux et Vous en Moi, afin qu'ils soient consommés dans l'Unité ! Qu'ils soient un comme vous et Moi,

nous sommes Un." Il demande pour nous l'enivrante béatitude dont il jouit lui-même toujours. La joie de son divin cœur n'est pas complète s'il ne la partage pas pleinement avec ses amis. [...] Sa vie n'est qu'un perpétuel acte d'Amour, une louange perpétuelle, une sublime adoration » (Cahier 11, p. 48).

Tout au long de sa contemplation douloureuse, Marthe nous porte dans son cœur et intercède pour que nous puissions entrevoir la joie divine dans le drame de la Passion :

« Ma souffrance baigne dans la joie d'aimer ! Car elle est la joie puisqu'elle est l'Amour et qu'elle est rédemptrice pour les âmes » (Cahier 11, p. 23).

« Qu'au nom de tout ce qui est, de tout ce qui existe, de tout ce qui vit, de tout ce qui respire, de tout ce qui sent, de tout ce qui comprend, de tout ce qui aime, je fasse monter vers vous, ô divin vivant, Esprit éternel, Amour infini, l'hosanna passionné et enthousiaste de mon adoration éperdue ! » (Cahier 15, p. 14).

Marthe nous transmet la découverte de l'Amour infini du Seigneur qui résume toute sa démarche :

« Le doux Agneau de Dieu [...] venu en ce monde [...] pour expier nos crimes et nous ouvrir le Ciel par ses souffrances et par sa mort sur la Croix. Ce grand mystère, scandale pour les Juifs, folie pour les païens ; mais le réconfort et la joie des fidèles. [...] C'est grâce à Lui que nous pouvons entrer dans l'intimité de la vie divine » (Cahier 15, p. 10).

Le texte prophétique de Marthe

Je rends grâce à Dieu d'avoir pu, tout au long de ma vie de prêtre, voir se réaliser des desseins du Seigneur tels que Marthe en avait « l'intuition spirituelle ».

Marthe ayant perdu sa mère le 22 novembre 1940, avait été amenée à la porter dans la prière et à intercéder très intensément en communiant avec elle qui vivait l'étape du purgatoire.

Un jour, particulièrement abattue, ayant le sentiment d'avoir accompli sa mission, elle demanda à un des premiers membres du foyer, Marie-Ange Dumas, de prendre un certain texte et de le détruire. Marthe, tentée par l'adversaire, croyait que le père Finet allait quitter Châteauneuf-de-Galaure. Ce dernier retenu par trois semaines de jaunisse ne pouvait visiter Marthe. Marie-Ange prit le texte et le donna au père Finet, pensant que c'était lui-même qui devait prendre la décision souhaitée par Marthe. Il était son père spirituel et veillait sur son enfant.

Dans ses notes de Passion, le père Finet précise le 28 novembre 1941 :

« Le jeudi 20 novembre un peu fatigué, je n'ai pu monter. Le soir, à 6 heures du soir, j'ai prié l'abbé Petit, curé de Saint-Martin-d'Août, de monter. [...]

C'est alors, vers 18 h 30, qu'a commencé une agonie excessivement douloureuse. [...] Marthe, convaincue (par l'adversaire) de mon mépris, a très douloureusement accepté de perdre son père pour toujours. L'abbé Petit lui a demandé ce sacrifice pour toute sa vie. Elle l'a fait. Elle a cru désormais que l'œuvre du Foyer était finie, qu'elle s'était trompée en la réclamant, qu'elle avait trompé tout le monde. Elle a voulu détruire (sans le faire) des documents sur le Foyer, notamment la page 40 de Gethsémani sur le futur Foyer. Bref, elle a accepté tous les renoncements, tous les abandons, la solitude complète, la fin de sa mission, de l'œuvre, le mépris. Elle a renoncé à toutes les promesses de Dieu sur l'œuvre. Elle ne pouvait aller plus loin dans l'abandon. [...] Moi-même, j'ai fait le sacrifice de l'œuvre, acceptant de ne pas la conduire moi-même à bout et le sacrifice de tout ce que j'aimais, je me suis uni à Marthe et j'ai doucement dit mon chapelet dans la joie intérieure. [...] Ce sacrifice total m'a laissé dans la paix. »

Ce n'est qu'en 1960 que ce texte prophétique porté par les souffrances, la prière et l'offrande de Marthe nous a été transmis officiellement.

« Après un moment Il [Jésus] continua : "Oui, je veux faire ici quelque chose de nouveau et de très grand pour notre gloire, à cause de toi… À cause de tout ce que je fais et veux faire en toi, et par toi, en qui je veux me glorifier à l'infini ! Je veux recevoir ici un Amour et une Gloire infinis ! Je veux y connaître un honneur et un témoignage incomparables !…

Je veux que tous les membres de l'œuvre soient des saints ! Qu'ils rayonnent par l'exemple d'une vie profondément surnaturelle, par l'exercice incessant de la charité, par leur dévouement à toute épreuve… et enfin par le don de soi à chacun et à tous dans un don total à Dieu.

Je répandrai sur l'œuvre et sur chacun de ses membres des flots de lumière et de grâces ! J'y opérerai des prodiges étonnants ! Et ma très Sainte Mère y accomplira elle-même des merveilles éclatantes. Je m'y réserve une multitude incomparable de grâces que je n'ai jamais encore jusqu'à ce jour répandues dans mon Église et que je ne répandrai nulle part ailleurs qu'en ces lieux. Les mêmes merveilles qu'aux premiers jours de mon Église s'y reproduiront et de plus grandes encore.

Ma Très Sainte Mère, qui sera la Reine glorieusement aimée et écoutée en ce Foyer de mon Amour qu'Elle conduira Elle-même par sa présence toute maternelle y connaîtra un véritable triomphe qui rejaillira au loin et sera connu des points les plus reculés de la terre.

Le prêtre que je me prépare pour son établissement et pour son immense développement sera un apôtre d'une très grande influence. Il y fera du reste de magnifiques conquêtes et des conversions nombreuses et inespérées... Néanmoins, il ne pourra jamais rien faire sans toi, ni loin de toi. C'est par toi que je veux lui transmettre mes ordres et lui faire connaître ma volonté. C'est par toi, à ta prière et à ton incessant holocauste, que je veux lui communiquer ma lumière et ma grâce. Tu lui diras tout au fur et à mesure, ce que je demande. Tu ne pourras de même jamais rien faire sans lui.

Je veux établir entre lui et toi, entre son âme et la tienne, l'union la plus parfaite et la plus intime que j'aie jamais conçue dans mon cœur... Une union semblable à la mienne avec ma Très Sainte Mère... Une union semblable à la mienne avec toi. Je la veux si belle et si pure que les anges eux-mêmes en seront émus. Je veux qu'il y ait entre vous une très grande intimité de vie. Je veux vous confondre en moi pour la mission que je veux vous confier, pour toutes les âmes que je veux vous donner et pour la Gloire de mon Nom.

Ne tremble pas, c'est moi qui veux ainsi... C'est moi qui ferai tout. Je serai la Lumière et la Force... Je serai l'Amour et la Vie en chacune de vos âmes en qui je veux régner en Souverain et en Maître absolu."

Après cela, Il reparla de l'œuvre : "Sa création, dit-il, sera le refuge des grandes détresses humaines qui viendront y puiser la consolation et l'espérance ; et l'abri de ses murs, le signe évident de ma volonté et l'appel émouvant de mon Cœur aux pécheurs innombrables qui viendront de toutes parts attirés par ma Mère et par moi y chercher la lumière et la guérison de leurs maux dans mon pardon divin.

Je veux qu'elle soit un Foyer éclatant de Lumière, de Charité, d'Amour, le Centre unique des grandes résurrections spirituelles après la défaite matérielle des peuples et de leurs erreurs sataniques, l'oasis vivifiante aux âmes de bonne volonté, aux âmes anxieuses et découragées, aux pécheurs endurcis et sceptiques... la maison de mon Cœur ouvert à tous. Son rayonnement grandira à la mesure de l'Infini et de l'Éternel. »

V

Souffrance et sérénité dans le journal intime de Marthe Robin

À LA DEMANDE DE SON CURÉ, Marthe Robin avait rédigé des notes intimes sur sa vie spirituelle avec le Seigneur. Ce ne fut pas tâche facile de formuler en termes humains sa communion avec Dieu car elle ne voulait rien cacher à son curé mais tout lui dire, et d'autre part, Marthe n'avait pas poussé sa formation scolaire au-delà du certificat d'études qu'elle n'avait pu passer, se trouvant malade le jour de l'examen :

> « Je dois, cependant quand même l'immense peine, quand même les insurmontables difficultés que j'en éprouve ? Obéir avec autant d'humilité aux prescriptions du Directeur à qui mon Dieu m'a fait la grande grâce d'ouvrir mon âme que je mettrais de joie à ne le point faire s'il ne m'en faisait un pressant devoir » (Journal intime, 16 janvier 1932).

Ou encore :

« J'aimerais pouvoir tout dire à mon Père spirituel, mais comment faire ? » (Journal intime, 2 février 1932).

« D'ailleurs je ne relate toutes ces choses que pour mon Père spirituel et je sais qu'il saura garder mon cher et grand secret. Écrire pour lui, écrire pour lui obéir, c'est prier encore » (Journal intime, 16 février 1932).

Rappelons que Marthe cherchera à nourrir spirituellement son âme en lisant des livres empruntés à la bibliothèque paroissiale. Elle y trouvera des expressions qu'elle utilisera pour formuler ses propres expériences tout en leur donnant une résonance spirituelle. À sa mort en 1981, le père Finet a retrouvé quelques cahiers d'écolier où elle écrivait ses pensées durant les années 1930-1931-1932. De nombreux passages sont reproduits dans cet ouvrage (Journal intime, date).

La stigmatisation ayant eu lieu en automne 1930, nous comprenons mieux le souffle qui anime l'ensemble de ces textes et combien la proximité du Seigneur et de Marie sa Mère va influencer la rédaction de ces pages. Marthe, de son vivant, ne parlait jamais de son « secret », sauf en de rares exceptions.

Grâce à ce journal intime, nous pouvons accueillir son témoignage et percevoir la profondeur de sa relation avec Dieu.

Les visiteurs ne pouvaient que pressentir une qualité de communion avec le Seigneur :

> « J'ai en effet si souvent reçu de Lui le commandement de tout soustraire aux yeux profanes. Jésus me recommande continuellement de ne rien laisser soupçonner des grâces qu'il m'a faites » (Journal intime, 2 novembre 1932).

Vivre avec Jésus dans la joie

Marthe elle-même nous aide à comprendre le drame de la souffrance de sa maladie et nous éclaire : très jeune, elle a perçu la présence du Ressuscité. Jésus a touché son cœur dès sa première communion et elle n'a cessé de le rejoindre et de se passionner pour Lui tout au long de sa vie. Elle nous révèle ainsi le secret de sa joie.

L'absolu de l'Amour du Seigneur a saisi son cœur au point que la vocation contemplative du carmel l'a réellement habitée. Devant l'incompréhension de son père « elle se donnait à Dieu d'une manière absolue, non pas en choisissant d'être carmélite mais en ne choisissant rien du tout ».

Elle pourra donc écrire dans son journal :

> « Ma petite chambre est un vrai Ciel maintenant puisque j'ai conscience de ces paroles de Notre Seigneur : "Et voilà que je suis avec vous jusqu'à la consommation des siècles" et que je sais que je sens que je connais que je suis incessamment avec Lui, en la Céleste et Divine compagnie de la Trinité très haute. Douce présence qui enchante et ravit mon âme et mon cœur. Ma petite chambre peut être pauvre et pas belle, je n'en vois pas la pauvreté ni les laideurs. Je suis en Dieu, je lui parle, je l'entends, je l'écoute. En mon cœur, je l'adore et je l'aime. [...] Ô douce, ô très douce Trinité. Joie de mon cœur, ciel et délices de mon âme !... » (Journal intime, 9 janvier 1930).

Quel que soit son état de fatigue, Marthe expérimente le rayonnement du cœur de Dieu qui l'entraîne sur les hauteurs de la contemplation et va l'aider à transformer ses souffrances en une épreuve exprimant son amour. Dans de nombreux passages de son journal elle décrit la richesse des extases dans lesquelles la plongeait la communion eucharistique :

> « Inconcevable, merveilleux Mystère : Je vis en Dieu ; ce n'est plus moi qui vis, mais c'est Jésus mon Bien-Aimé Jésus qui vit en moi. Je ne comprends pas pleinement, mais je connais cette joie, cet incomparable mys-

tère !... À Lui en soit toute la Gloire !... » (Journal intime, 26 décembre 1929).

Elle écrira de même le 8 septembre 1930, jour où elle a pu communier au corps du Christ :

> « Ô jour de délices et d'ivresse ! Une fois de plus j'ai goûté combien le Seigneur est doux, combien sont ineffables et délicieuses les joies toutes célestes dont mon âme a joui par la présence de mon Dieu dans mon cœur. Ces délices pénètrent et inondent mon âme tout entière, ne lui laissant plus aucune puissance ; le divin Maître s'empare de tout et absorbe tout, il n'y a plus rien qui ne soit à Lui seul. Seul le Tout-Puissant peut donner ce bonheur à mon âme, seul Il peut la contempler pleinement. C'est en Lui qu'elle trouve l'infini de l'Amour qui la dévore, son tendre et bien-aimé Époux qui la possède toute et qu'elle possède enfin pleinement, qu'elle goûte et en jouit sans ombre. C'est une journée du Ciel, ce bonheur est si profond qu'on ne voudrait plus avoir à vivre loin de ce Dieu plein d'amour en qui l'âme trouve la plénitude de tout. Tout ce qui n'est pas Dieu ou pour Lui est à dégoût. À tout instant elle voudrait pouvoir s'élancer hors de la prison du corps... » (Journal intime, 8 septembre 1930).

Néanmoins elle se résigne et accepte avec ardeur le délai que lui impose Celui qu'elle aime, qui la ravit tout entière. Il n'y a rien qu'elle ne soit résolue de faire pour le contenter et lui plaire entièrement :

> « Ô mon Bien-Aimé, ô mon Roi plein d'amour, demeurez, vivez et régnez dans tout mon être, par votre beauté, votre bonté, votre puissance, vos divins attraits, vos charmes incomparables, votre charité, votre tendresse infinie qui dilate et fait vibrer d'allégresse ma petite âme et vibrer mon cœur de paix, d'amour. [...] Mes souffrances me semblent des roses et mes peines de grandes douceurs, quand je considère mon Sauveur en croix » (Journal intime, 20 septembre 1930).

Ces confidences nous permettent de concevoir la joie dans laquelle Marthe peut se trouver malgré ses souffrances. Son âme est emportée dans le Cœur de Dieu qui l'arrache à la difficulté du quotidien pour la plonger dans la richesse infinie de la vérité divine et dans la puissance de l'Amour trinitaire. Élevée à une telle hauteur, l'âme ne peut que s'émerveiller et s'ouvrir à des dimensions qu'elle peut apprécier. L'influence de la lumière du Christ éclaire et libère sa démarche sur cette terre dans un épanouissement que seuls les mystiques peuvent comprendre et apprécier : « La vérité vous fera libre » (Jn 8, 32).

Un an plus tard, le 7 septembre 1931, Marthe poursuit dans la joie et l'intimité du Seigneur. Son journal intime exprime une relation réelle d'amour et de paix avec Jésus :

« Sainte Communion. Le bonheur a fleuri en mon âme comme fleurissent les pâquerettes sur les prairies de mai. Oh ! que je suis heureuse, mon âme porte en son calice Jésus. J'ai pleuré d'émotion, d'attendrissement jusqu'au moment où après une prière très fervente l'Hôte adoré de mon âme m'a complètement saisie, absorbée en Lui sans que rien à l'avance l'ait laissé prévoir. Ô Lumière et Vie ! Je vous aime et vous rends grâce, vous qui avez approché mes lèvres assoiffées à cette source qui désaltère, qui enivre les bienheureux dans le Ciel. J'ai goûté Dieu, et Dieu m'a donné ses douceurs et Dieu s'est donné à moi. Avec quel ardent désir je l'ai appelé et reçu dans le petit tabernacle de mon cœur [...]. Cette vie intime d'union et d'amour, c'est ma vie. [...] Obscure et ignorée, ce sera mon privilège dans le Ciel. Sans nom, sans Gloire connue de la terre, je veillerai sur les miens si chers, sur tous [...]. Par l'union de mon âme à la vôtre et la fusion de nos cœurs dans l'amour que je ne fasse qu'une même chose avec vous. Ô Divine Trinité que j'adore ! Immensité où mon âme s'abîme et se perd ! Soyez le foyer qui toujours me dévore... l'Amour qui me consume [...] le radieux Soleil qui illumine mes pas ! » (Journal intime, 7 septembre 1931).

Nous commençons à entrevoir comme possible que Marthe puisse assumer les souffrances intolérables de la maladie en les transfigurant dans la lumière et l'Amour de Dieu. La puissance divine qui l'« emporte » n'a d'équivalent que la douceur infinie de sa tendresse. À ce contact, son âme est dans la plénitude même si son corps reste douloureux. Le père Finet nous dira que Marthe sortait de l'extase en souffrant car elle quittait un univers de joie et de sérénité pour être plongée dans un tissu de relations humaines défigurées par le péché et rendues violemment agressives par l'égoïsme :

> « Redescendre de Dieu, revenir sur cette terre est plus terrible à l'âme que mille morts. Tout cœur humain fait pourtant d'affection semble de glace et de bronze pour l'âme ayant goûté ce cœur à cœur avec Dieu. Que tout est fade et terne hors de Dieu et loin de Dieu [...]. Ne suis-je pas la petite fleur de votre cœur aimant, petite hostie d'Amour perdue dans l'infini de votre lumière et dans les ardentes étreintes de votre divin amour ? » (Journal intime, 3 octobre 1930).

La souffrance transfigurée

Au contact de Jésus, la personne de Marthe vit une transformation de tout son être. Les expressions sont nombreuses de cette évolution spirituelle où peu à peu elle se laissera habiter par Jésus lui-même, selon l'exemple de Paul : « Ce n'est plus moi qui vis, c'est le Christ qui vit en moi » (Ga 2, 20).

> « L'amour m'a prise... L'amour m'a saisie... L'amour m'a ravie en Dieu. Ô Jésus, Âme et Vie de mon âme ! [...] Vous en moi, ô Jésus, et moi avec vous [...] je te transformerai en moi... je te ferai un avec moi... je ferai de toi un autre moi-même [...]. Je vis en effet à la lumière divine [...] comment Jésus se donne à nous, [...] se livre à nous [...]. Je vis aussi d'une façon semblable comment Il nous unit, nous fond en Lui et nous transforme » (Journal intime, 7 mars 1930).

La stigmatisation ayant eu lieu à l'automne 1930, elle écrira le 31 décembre de cette même année :

> « Voici la fin de l'année qui s'achève dans l'union intime de mon âme avec Dieu. Tout mon être a subi une transformation aussi mystérieuse que profonde. Année d'épreuves, année de douleurs... Année de grâces et

d'amour. Mon bonheur actuel sur mon lit d'infirme est profond, durable parce que divin. [...] N'est-ce pas sur les ruines de la santé que l'âme ressuscite ? Je pense à la route parcourue depuis le début de ma maladie, de cette pensée il n'en ressort que de l'amour, de la reconnaissance envers Dieu miséricordieux et si bon. Quel travail ! Quelle ascension ! Dieu a opéré en moi, mais que de soubresauts de cœur, que d'agonie de volonté il faut pour mourir à soi. Changée ! [...] Oui je suis changée et bien morte aux choses de la terre » (Journal intime, 31 décembre 1930).

Malgré son intimité avec Dieu, Marthe va continuer de souffrir. La souffrance demeure tandis que son âme s'épanouit dans le cœur à cœur avec Dieu. Une référence parmi beaucoup d'autres nous le rappelle :

« Ce soir je suis à bout de souffle, effondrée sous le poids d'une journée très pénible [...] je suis lasse, [...] je souffre [...] mon corps est brisé, la tête en feu [...] mon cœur est déchiré de sanglots [...] je ne puis que souffrir » (Journal intime, 19 octobre 1930).

Auparavant dans son cheminement, elle avait écrit :

« Je n'ose plus rien comprendre ! Je devrais plutôt être triste, languissante, abattue au milieu de tant de douleurs et de peines ; et bien non, mon âme au contraire déborde de joie, d'amour, de foi ! » (Journal intime, 22 février 1930).

Comment a-t-elle pu en arriver là ? Marthe écrit le 4 mars 1930 :

> « [...] réparer, consoler, aimer ! Me donner... me dépenser sans partage et de tout mon être pour Dieu, pour chacun... pour les âmes. Transformer tous mes actes en actes surnaturels et divins ; c'est la plus belle vérité, c'est le plus grand et le dernier mot de l'amour. Mettre l'amour où il y a la haine... le bien où il y a le mal [...] c'est mettre la paix, la joie, le ciel dans son âme et dans l'âme du prochain » (Journal intime, 4 mars 1930).

Le cœur de Marthe est « transformé ». Dès lors, son regard habité par la lumière divine perçoit les personnes, les événements en allant au-delà des apparences humaines. Son cœur qui bat au rythme du Cœur de Dieu aime le mystère de chaque homme. Ainsi la souffrance offerte est assumée dans l'Amour du Seigneur et prend une signification autre que dans une vision uniquement terrestre.

Marthe aurait pu se révolter comme beaucoup devant l'injustice de sa situation. D'où vient sa maladie ? Marthe n'en est pas responsable ! Osera-t-elle l'attribuer à

Dieu ? Nous trouvons bien normal de remercier Dieu de nous maintenir en bonne santé… Si la maladie est un don de Dieu, comment est-elle compatible avec un Dieu qui est Amour ? Comment l'être créateur parfait peut-il engendrer la douleur et le mal ?

> « Notre Seigneur, la très Sainte Vierge, dit Marthe, ne méritaient pas ce qu'ils ont dû subir ! […] Les maux que nous subissons ne sont pas toujours des châtiments mérités, ils sont souvent des épreuves et même des grâces exceptionnellement accordées à notre confiance, à notre fidélité à remplir nos devoirs de chrétiens » (Journal intime, 12 janvier 1930).

Pour Marthe il est évident que :

> « La douleur, la souffrance ne vient pas du Ciel, mais le secours en vient, le bonheur en est […]. Jésus seul, l'Ami véritable, l'Ami Cher, le Bien-Aimé peut nous soutenir efficacement dans toutes nos peines et difficultés […] parce que seul Il dispose des moyens divins capables de nous consoler, de nous réconforter dans nos douleurs physiques et morales […]. Ce n'est pas pour nous faire souffrir que Dieu nous a donné la vie, c'est pour nous rendre heureux, c'est pour nous attacher à Lui davantage. La souffrance est une vraie semence de joie » (Journal intime, 12 janvier 1930).

Le mal et la souffrance proviennent du péché et non de Dieu qui dans son Incarnation est victime innocente de la haine de ceux qu'Il ne cesse d'aimer. C'est la miséricorde de Jésus qui illumine ses souffrances de la Croix et ouvre l'humanité pécheresse à l'Amour : « Pardonne-leur, ils ne savent pas ce qu'ils font » (Lc 23, 33).

> « C'est sur la Croix que Notre Seigneur a opéré ses plus grands miracles ; c'est par la Croix, par l'effusion de son Sang précieux qu'Il sauve les pécheurs, [...] c'est sur la Croix qu'Il pardonne à tous, sur la croix qu'Il rachète le plus grand scélérat, sur la croix qu'Il donne sa Sainte Mère à tous les mortels » (Journal intime, 14 novembre 1930).

Dieu poursuit son œuvre de guérison mystique en aidant Marthe à transformer les souffrances de sa maladie en épreuve rédemptrice jusqu'au moment où dans une étape nouvelle Il répondra aux désirs de Marthe en l'unissant à ses propres et divines douleurs de la Passion. Marthe décrit comment elle a été éclairée et soutenue par le Seigneur :

> « Si on comprenait l'action des dons du Saint-Esprit dans les âmes, merveilles de l'Amour, clarté suprême qui oriente les âmes

dociles à se laisser guider, la lumière se ferait » (Journal intime, Noël 1930).

> « L'Amour me mène et me conduit, je n'ai que la douceur de me laisser mener par ce chemin lumineux si peu suivi parce que si peu connu [...] l'âme qui aime Dieu jouit. Oui l'Amour de Dieu réjouit » (Journal intime, 31 décembre 1930).

Quinze jours plus tard, analysant sa démarche spirituelle, Marthe fait la synthèse des richesses de ses découvertes d'une souffrance transfigurée par la résurrection de Jésus. La douleur est bien purifiée par la référence à Dieu. Marthe a compris l'intense Amour du Père et dans la Lumière de la foi, sa vie s'éclaire de la mission que le Seigneur lui confie en l'associant à son œuvre rédemptrice. De tout son cœur elle s'offre à Dieu :

> « Je veux racheter les âmes ni avec de l'or, ni avec de l'argent, mais avec la menue monnaie de mes souffrances unies à l'inépuisable trésor des souffrances du Rédempteur et de sa très Sainte Mère, par le puissant moyen de la croix mis à ma disposition, par l'offrande journalière et l'immolation silencieuse de ma vie au Créateur qui me l'a donnée. [...] Dans ses bras paternels et si doux, je puis m'abandonner sans frayeur, sans crainte dans toutes les épreuves que me réserve encore son amour. [...] Le plus parfait accomplissement est le

plus doux des bonheurs » (Journal intime, 7 janvier 1930).

C'est pourquoi elle précise le même jour :

> « Souffrir est grand à la condition de souffrir saintement ! La souffrance prend la valeur que lui donne celui qui la souffre [...] ne souffrons pas pour rien [...]. Souffrons pour Dieu et pour les âmes [...]. Souffrons en paix et par amour » (Journal intime, 7 janvier 1930).

Pour Marthe, ce n'est donc pas la souffrance de sa maladie mais la joie de la découverte de l'Amour divin qui transcende sa douleur :

> « C'est par l'expérience personnelle de la réclusion, par la science de la souffrance, mais surtout par l'action directe et toute-puissante de Dieu en moi et par l'inaltérable et merveilleux secours de la très Sainte Vierge, ma Mère, que peu à peu, par degrés d'une constante ascension d'amour je suis arrivée à gravir sans même presque m'en apercevoir des hauteurs incomparables. D'où extasiée et ravie je découvre et comme tout à coup ce qu'il y a de plus grand, de plus universellement beau à voir : l'âme et Dieu... l'âme et l'amour. [...] De l'amour, toujours plus d'amour pour suivre Jésus, pour voler à l'union !... » (Journal intime, 9 janvier 1930).

La souffrance de Dieu Lui-même

De 1918 à l'automne 1930, Marthe souffrait dans son corps et dans son cœur la douleur inhérente à sa maladie. Bien loin de se révolter, elle acceptait spirituellement cette situation avec Amour et s'unissait par la foi au mystère de la Croix et de la Résurrection :

> « Dieu se penche avec une miséricordieuse tendresse pour encourager [...] de sa douce présence l'âme par son Amour affligée » (Journal intime, 7 janvier 1930).

Le Seigneur va lui offrir la possibilité d'une étape de plus pour lui faire découvrir l'immensité de son Amour et lui faire partager en partie ce qu'il avait vécu lui-même durant les trois jours de sa Passion et de sa Résurrection.

Nous connaissons cette étape de la stigmatisation. Dans son journal nous en avons trouvé la description. Désirant par amour soulager les souffrances du Christ au Calvaire, dans une communion mystique le Seigneur permet que Marthe perçoive son Amour infini :

> « Ô nuit ! Épouvantable nuit ! Nuit de douleurs, de voluptés [...]. Terrifiée d'effroi

j'ai assisté à la terrible, terrible Passion du Sauveur [...] y participant, les expérimentant dans leur horreur, dans leur douleur, dans leur amour [...] surtout dans l'amour. J'ai connu sa souffrance de l'isolement qui broie, qui terrifie le cœur ; j'ai eu des frissons d'épouvante, des sueurs d'agonie ; j'ai bu au calice d'amertume ; j'ai douloureusement tressailli sous les fouets invisibles qui cinglaient mes chairs, sous les épines qui s'enfonçaient profondément dans mes tempes, des blessures cachées qui brûlent toujours plus atrocement mes mains, mes pieds, mon cœur. Et de toute mon âme, de tout mon être torturé des supplices de la Passion des "oui" ardents, des "oui" enthousiasmés fleurissaient » (Journal intime, vendredi saint 25 mars 1932).

Réfléchissant sur cet épisode, elle écrira ce même jour :

« J'admire [...] l'immense amour qui a porté Jésus à m'aimer au point de vouloir partager avec moi les souffrances de sa vie, [...] les tortures de sa Passion de sa Croix. »

Marthe se fait ainsi l'écho de tout ce qu'elle a perçu du Cœur de Dieu affrontant Lui-même dans son incarnation le refus violent et douloureux de ses contemporains qu'Il aimait affectueusement comme un vrai père ses propres enfants.

Marthe avait la possibilité de se nourrir en lisant les Évangiles, en lisant Anne-Catherine Emmerick et en réfléchissant sur l'expérience qui était la sienne du jeudi soir au dimanche où elle vivait mystiquement la Passion de Jésus. Pour mieux comprendre ce que disait Marthe, rappelons-nous l'enseignement de saint Jean, lui qui a assisté aux événements de la Passion du Christ et comment il a compris le sens de ces événements tels que Dieu le Père les vivait en Jésus.

La Passion pour Jean n'est pas un effondrement mais une victoire : « La voici venue l'heure où le Fils de l'homme doit être glorifié » (Jn 12, 23). « Mon âme est troublée, Père [...] sauve-moi de cette heure. Père, glorifie ton nom » (Jn 12, 27-28). « Une voix vint du ciel : "Je l'ai glorifié et je le glorifierai à nouveau" » (Jn 12, 28). C'est donc la manifestation non pas de l'échec de Dieu mais de la puissance divine qui l'emporte sur la violence humaine. Dans son principe le mal est anéanti : « J'ai vaincu le monde » (Jn 16, 33).

Ce qui est absolu ce n'est pas la souffrance mais l'Amour : « Il n'y a pas de plus grande preuve d'amour que de donner sa vie pour ses amis » (Jn 15, 13). Jean rappellera aussi : « Jésus ayant aimé les siens qui étaient dans le monde les aima jusqu'à la fin » (Jn 13, 1). Dans sa première lettre il écrira : « Dieu est Amour [...] voici comment s'est manifesté l'Amour de Dieu pour nous : Dieu a envoyé son Fils unique dans le monde afin que nous vivions par lui [...] en victime de propitiation pour nos péchés » (1 Jn 4, 9-10). Au centre de la souffrance de la Passion il n'y a pas que la douleur mais avant tout l'expression d'un amour infini qui jaillit du Père. Les péchés, les égoïsmes des hommes n'ont pas empêché la tendresse miséricordieuse du Père de s'exprimer à la Croix.

Dieu n'a pas envoyé son Fils pour expier par la souffrance l'offense des péchés mais pour dire aux hommes combien ils étaient ses préférés. C'est ainsi que nous ne voyons pas Jésus se défendre en opposant la violence à la violence mais en répondant par un surcroît de miséricorde infinie : « Rentre l'épée dans ton fourreau » (Jn 18, 11). « Mon Père, pardonne-leur, ils ne savent pas ce qu'ils font » (Lc 23, 34). La haine, le mal sont absorbés non par une violence plus grande mais par un pardon d'amour qui désarme les adversaires.

Jésus a prévenu ses disciples : « votre tristesse se changera en joie » (Jn 16, 20). Beaucoup plus qu'un simple déchaînement de dureté et de souffrance, Jésus nous fait réfléchir à partir de l'enseignement d'une parabole : « La femme sur le point d'accoucher s'attriste, parce que son heure est venue ; mais quand elle a enfanté elle oublie les douleurs dans la joie qu'un homme soit venu au monde » (Jn 16, 20). Les apôtres sont dans la tristesse tandis que le monde triomphera mais le Ressuscité les épanouira : « Vous êtes tristes maintenant, mais je vous reverrai et votre cœur se réjouira et votre joie nul ne pourra vous la ravir » (Jn 16, 22). Les disciples partageront la joie même du Fils dans le sein du Père : « Maintenant je viens à toi et je dis ces choses encore présent dans le monde pour qu'ils aient en eux-mêmes ma joie en sa plénitude » (Jn 17, 13).

Le jour de Pâques la joie illumine le cœur des apôtres mais les stigmates rappellent la douleur assumée par Jésus : « Ne fallait-il pas que le Fils endurât ces souffrances pour entrer dans la gloire ? » (Lc 24, 26), dit-il aux disciples d'Emmaüs. La souffrance est-elle obligatoire dans le plan de Dieu ? « Ne fallait-il pas ? » Non pas au sens où nous l'entendons souvent comme dans un impératif catégorique à la manière de Kant, mais comme une conséquence de l'Amour. Dieu qui est tout Amour se heurte à l'égoïsme des hommes dont la puissance ne parvient pas à éteindre cet Amour. Les stigmates comme les douleurs sont définitivement transfigurés par la résurrection.

Du témoignage de Jésus dans sa Passion et sa Résurrection nous pouvons accueillir de nombreuses lumières.

Dieu n'est pas un Jupiter lointain, égoïstement indifférent à la souffrance des hommes, mais un Père : « Qui me voit, voit mon Père » (Jn 14, 9), qui vient partager la souffrance de ses enfants pour les purifier entièrement par l'Amour de son Fils et engendrer son Royaume dans lequel il n'y aura ni pleurs ni cris. « Voici la demeure de Dieu avec les hommes. Il aura sa demeure avec eux... il essuiera toute larme de leurs yeux : de mort il n'y en aura plus, de pleur, de cri et de peine il n'y en aura plus, car l'ancien monde s'en est allé » (Ap 21, 4). Ainsi continue à se manifester à travers les millénaires le cœur de Dieu : « Comme le Père m'a aimé, moi aussi je vous ai aimés, demeurez dans mon Amour » (Jn 15, 9).

La souffrance est réelle et, bien qu'elle soit tout amour, la douleur reste la douleur : « Entré en agonie, précise saint Luc, il priait de façon plus instante et sa sueur devint comme de grosses gouttes de sang qui tombaient à terre » (Lc 22, 44). Jésus est pleinement Dieu et pleinement homme. Le Fils de Dieu sur terre affronte la souffrance inhérente au péché en la purifiant des flots de son cœur mais sans la supprimer. La douleur transfigurée par l'Amour divin demeure douleur. Le paradis terrestre n'est pas rétabli mais l'espérance ouvre les horizons : « C'est maintenant le jugement de ce monde, c'est maintenant que le prince de ce monde va être jeté bas et moi élevé de terre j'attirerai tous les hommes à moi » (Jn 12, 31-32).

Comment Dieu peut-il souffrir alors qu'il est plénitude ? Comment peut-il mourir alors qu'il est éternel ? Comment peut-il s'incarner alors qu'il est transcendant ? Autant de données antinomiques que nous ne pouvons concevoir dans notre intelligence que dans la mesure où par la foi nous accueillons la notion de mystère. Pour saint Paul le mystère n'est pas d'abord l'absurde mais une Lumière sur Dieu qui à la fois nous éclaire et nous dépasse. Si nous pouvions la capter entièrement elle serait une vérité humaine. Il est normal que la pensée nous soit une Lumière mais dont l'intensité mystique nous échappe : « Qui en effet a connu la pensée du Seigneur pour pouvoir l'instruire ? Et nous, nous l'avons la pensée du Seigneur » (1 Co, 2, 16). D'où ces paradoxes perçus dans la manifestation du Seigneur : mort et résurrection – haine et amour – souffrance et joie.

Et nous retrouvons chez Marthe ces antinomies de la stigmatisation. Tout au long de son journal, dans une page sur deux, Marthe évoque ses souffrances intolérables et sa joie, la violence et l'Amour :

> « À Dieu la Gloire de m'avoir si douloureusement fait souffrir son absence » (Journal intime, 13 octobre 1931).

VI

Marthe telle que nous l'avons connue

Après la mort de Marthe, en 1981, nous avons pu nous approcher du mystère de son intimité avec Dieu. Marthe ne parlait jamais d'elle-même, sauf dans des cas exceptionnels. Le père Finet faisait de rares allusions à sa vie spirituelle, évoquant tel ou tel détail lors d'une conversation. Par contre, à la fin de la prédication de ses retraites, il nous rappelait sa première rencontre avec Marthe, le 11 février 1936. Quelques variantes étoffaient le même récit stéréotypé dans lequel il nous confiait l'origine de sa mission à Châteauneuf, où, par la médiation de Marthe, le Seigneur lui demandait de fonder le premier Foyer de Charité.

Les sources de nos connaissances étaient donc très limitées. Sans doute les secrétaires de Marthe, ceux et celles qui assumaient diverses responsabilités au Foyer de Châteauneuf, certains privilégiés (Jean Guitton,

Garrigou Lagrange ou le père Paul Philippe) avaient plus de lumières. Mais chacun mettait son honneur à ne rien divulguer. C'était d'ailleurs le souhait très présent de Marthe et du père Finet, qui se méfiaient des curieux sans recherche de Dieu authentique et sincère. On racontait qu'un journaliste ayant rappelé dans un hebdomadaire de grande diffusion le caractère inhabituel de l'existence de Marthe, qui ne vivait que de l'Eucharistie, elle en fut douloureusement peinée. C'était pour elle une profanation du secret de son intimité divine.

Nous savions par la rumeur publique que Marthe vivait mystiquement la Passion et la Résurrection du Christ du jeudi au dimanche, qu'elle nous portait dans sa prière et sa souffrance assumée dans l'Amour de Jésus. Paradoxalement, les relations avec elle étaient « normales », c'est-à-dire qu'elle n'entraînait jamais dans l'univers mystique de ses visions. Marthe nous rejoignait au niveau de notre vie de foi et de confiance en Dieu. Elle avait l'art de nous faire oublier qu'elle était malade, tant elle savait nous interroger pour nous aider à mieux nous exprimer. Sa vision de la vie était d'autant plus humaine qu'elle vivait le réalisme de la foi dans le Seigneur. Sa charité, son amour concret et amical nous touchaient et nous permettaient de lui dire la réciprocité de notre affection.

Nous étions en présence d'une personne qui vivait à notre époque. Elle était de notre temps. Elle s'intéressait aux événements de notre société et de notre Église. Accueillant quantité de personnes, plus de 100 000 selon les indications des carnets de rendez-vous, elle poursuivait en même temps sa mission de fondatrice de nombreux Foyers de Charité avec le père Finet. Elle demeurait dans l'étroitesse de sa chambre de douze mètres carrés et cependant était plongée au cœur du monde. Elle vivait dans la foi, l'amour et l'espérance chrétienne.

J'aimerais aussi vous transmettre comment Marthe m'a éclairé et soutenu dans mon cheminement spirituel de 1955 à 1981. Je vous présenterai quelques témoignages de personnes qui l'ont rencontrée ainsi que des échanges qu'elle a eus avec certains théologiens ou responsables d'Église.

Le soutien spirituel de Marthe dans mon cheminement personnel de 1955 à 1981

Dès ma première rencontre avec Marthe, durant la première quinzaine de septembre 1955, nos relations se sont situées dans l'univers de la foi et la recherche des signes de Dieu. Depuis plus de dix ans, je portais en moi le désir d'un centre d'approfondissement spirituel situé dans le cadre exceptionnel de silence et de grandeur de la vallée du Mont-Blanc. Deux vieux chalets datant de 1618-1814 m'offraient la possibilité de le réaliser. Les propriétaires, Mesdemoiselles Isnard et Villers, y avaient une activité apostolique mais acceptaient une nouvelle orientation et souhaitaient un Foyer de Charité. Je me rendis donc à Châteauneuf-de-Galaure, dans la Drôme. Je rencontrai alors le père Finet, puis Marthe. Dans la chambre de sa ferme, presque totalement obscure car ses yeux ne pouvaient supporter la lumière du jour, régnait le silence d'une présence soutenue par le calme de la campagne.

Le père Finet présente le projet. Marthe acquiesce. Devant l'intérêt suscité par cette perspective, je présente mes objections : je suis jeune, trente-deux ans. Je suis un prêtre inconnu. Qui viendra ?.... Mon évêque acceptera-t-il ? J'évoque certains problèmes administratifs... Marthe oppose la primauté du spirituel et décrit l'esprit d'un Foyer de Charité à l'imitation d'une vie de famille. Nous prions et nous nous séparons. En quittant la ferme de Marthe je demande au père Finet : « Quelle est donc la conclusion ? » Il me répond : « Il y a quelques semaines, à l'issue d'une Passion, Marthe m'a confié que, dans sa prière, le Seigneur lui avait fait comprendre que l'heure était venue de la fondation de nouveaux foyers. Des prêtres allaient venir. Je n'ai pas été vous chercher. Vous êtes là... Marthe a dit que c'était souhaitable... mon petit, il faut agir. » Marthe me confirmait dans ma propre recherche. Elle m'encourageait à engager toute ma vie humaine et sacerdotale dans la réalisation de l'« œuvre de Dieu » qui me dépassait.

Bien des semaines avant ma venue, elle avait enfanté dans la violence et la puissance d'une Passion ce Foyer de La Flatière situé à 1 400 mètres d'altitude face au Mont-Blanc. Devant une telle évidence spirituelle il n'y avait pas à hésiter. Aucun phénomène miraculeux ne m'était annoncé. Je devais m'atteler à la tâche humblement et dans la foi. Mon évêque, avec sagesse, me fit attendre deux ans sa réponse et me permit de commencer tout en me laissant mon ministère dans le diocèse. Mais qui allait venir ? À l'époque j'ignorais que le Seigneur avait fait comprendre à Marthe qu'il agirait lui-même, ainsi que sa Mère. « La création de l'œuvre sera le refuge des grandes détresses humaines qui viendront y puiser la consolation et l'espérance ; et l'abri de ses murs le signe évident de ma volonté et l'appel émouvant de mon Cœur aux pécheurs innombrables qui viendront de toute part attirés par ma Mère et par moi y chercher la lumière et la guérison de leurs maux dans mon pardon divin. »

Dans ce « souhaitable » Marthe s'engageait à me soutenir jusqu'à sa mort. De 1955 à 1981, pendant trente-huit années de mon activité sacerdotale, je savais que je pouvais compter sur elle et sur le père Finet. Je la rencontrais en moyenne deux fois par an et lors de certaines décisions importantes que je devais prendre. Au cours des années et au gré des circonstances, Marthe m'a encouragé à grandir dans la foi, l'amour et l'espérance.

La foi

En 1970, de nombreux foyers naissaient et annonçaient des constructions. Devant la demande instante des membres de La Flatière, désirant mieux accueillir les retraitants, je nourrissais un projet de 2 000 mètres carrés. Lorsque je l'ai présenté à Marthe, je pensais qu'elle allait l'approuver. « Quels sont pour vous les signes de la volonté de Dieu ? » Je passai au mieux mon examen. Sa conclusion fut : « Je vais prier pour que Dieu vous aide à trouver l'argent. » À nouveau, Marthe me laissait responsable et m'enracinait dans l'adhésion à la volonté divine et dans la confiance. Elle m'apprit à faire la quête et à m'en remettre à la providence.

Elle savait éclairer le contenu de ma foi et raviver mon adhésion à la révélation du Seigneur.

C'est ainsi que j'ai mieux compris comment la Vierge, selon les desseins du Père, participait à l'Eucharistie. C'était en mars 1969. Le père Finet me demandait de bien vouloir le remplacer pour la prédication de sa retraite. Le lundi soir, selon la coutume, je célébrais la messe de l'accueil des retraitants vers 18 h 30. Le père Finet ne pouvant être lui-même à l'autel, il assistait à l'Eucharistie au fond de la chapelle.

« Je vous apporterai, lui dis-je, le corps du Christ, mais aussi le sang du Seigneur.

— N'ayant pas les habits sacerdotaux, me dit-il, je n'ai sans doute pas le droit de communier ainsi.

— Il y a toujours des exceptions aux règles générales de la liturgie. Je viendrai à vous avec le calice.

— Vous me comblez car les stigmates de Marthe sont pour moi le rappel du sang vivant de Jésus. »

Tout se déroula dans le recueillement.

Le soir, vers 20 h 45, le père Finet alla voir Marthe qui habitait à deux kilomètres du Foyer dans la ferme de ses parents.

« Bonsoir, père, maman est là, dit Marthe pour indiquer une présence toute spéciale de la Vierge.

— Le père Ravanel vient de dire la messe, il me remplace, lui dit le père Finet.

— Je suis au courant, maman m'a même dit qu'il vous avait présenté le corps et le sang douloureux de Jésus. »

Ainsi donc la Vierge était venue prier à la messe que je célébrais à la chapelle du Foyer. Personnellement je la situais faussement au ciel, me basant sur des impressions d'enfance alors que les prières officielles de la liturgie, qui engagent la foi, disaient que nous sommes « en communion » avec Marie (Prière eucharistique n° 1 de Saint Pie V). Par son Assomption, la Vierge est auprès de Dieu. Elle est donc avec Lui quand Il célèbre la messe sacramentellement.

Voici un autre événement qui fut particulièrement lumineux. Pour honorer mes quarante ans, en juin 1963, le père Finet m'invita à donner la communion à Marthe. J'étais dans le clair-obscur de sa chambre avec un groupe de personnes qui lui étaient proches. Marthe s'était préparée en récitant avec nous le chapelet. Je lui transmis l'Eucharistie. Ce fut l'extase. Marthe ne nous voyait plus, ne nous entendait plus. L'absolu de la présence divine absorbait son âme. Toute la nuit qui suivit, elle fut ravie en Dieu. Le lendemain elle n'évoqua rien de ce qu'elle avait pu vivre pendant son action de grâce mystique. Elle me demanda des nouvelles de La Flatière. Elle descendit à notre niveau, s'intéressa aux cultures maraîchères de la montagne... le genre de pommes de terre. Ce fut pour moi le signe d'une authentique extase qui, loin de la déséquilibrer, la rapprochait des humains. Il en fut de même dans d'autres circonstances où par deux fois je lui apportai le Saint Sacrement. Inutile de préciser que ces expériences ont renouvelé en profondeur mon geste rituel de la transmission du mystère eucharistique.

La charité

Une vie de foi ne se nourrit pas de doutes mais de certitudes « inévidentes » puisqu'elles nous mettent en présence du royaume et de la vérité infinie. Marthe insistait pour que nous ayons le sens de la vérité dans les relations de charité fraternelle. Il n'y a pas d'amour sans vérité. La rédaction des statuts des Foyers de Charité ne se fit pas sans une longue épreuve de purification. Je vins un jour confier à Marthe mon désarroi, certaines rumeurs la concernant me désarmaient, sa réponse fut précise : « On a abusé de mon nom. » « La vérité vous fera libre » (Jn 8, 32).

Auprès de Marthe, j'ai mieux compris qu'aimer Dieu c'était aimer avec son cœur d'homme. Un jour, le père Finet m'introduisit auprès d'elle en me disant : « Voulez-vous la consoler car elle pleure. On vient de lui annoncer la mort d'une mère de famille qui laisse quatre enfants. » Je me suis approché. Je garde le souvenir d'un visage inondé de larmes. Ce fut la première et la dernière fois que je me suis cru autorisé à faire ce geste si simple et si émouvant. Sa douleur n'était pas feinte. Elle communiait, m'a-t-elle dit, « à la souffrance des quatre enfants séparés de leur mère ».

De même, dans sa contemplation de la Passion, Marthe expérimentait intérieurement l'arrestation de Jésus et avait le sentiment mystique d'être elle-même prisonnière : « J'étais en prison et vous êtes venu me voir » (Mt 25, 36). Elle traduisait cette lumière évangélique en s'occupant de prisonniers militaires pendant les années 1940 à 1945 puis de prisonniers civils. Par le truchement d'une assistance sociale et l'aide des membres de foyers elle faisait parvenir colis et correspondance à de nombreuses personnes. Mon attention fut ainsi attirée par ceux qui sont quotidiennement arrêtés et qui ont besoin de notre aide.

L'espérance

Tout au long de notre collaboration, Marthe m'a encouragé à vivre dans l'espérance. Je me souviens de la période très difficile que nous avons vécue, lorsque des courants de pensée très divers s'affrontaient concernant la spécificité des Foyers de Charité. Les tensions étaient extrêmes, l'horizon passablement bouché et les impasses particulièrement sans issue. Marthe demeurait dans la prière et la sérénité : « On en sortira, me dit-elle un jour... mais ce sera long. » Il est vrai que tout se termina bien par la suite.

En novembre 1985, monseigneur Cordes, secrétaire du Conseil pontifical pour les laïcs, vint à notre réunion au Foyer de Charité de Châteauneuf pour nous annoncer que nos statuts étaient agréés *ad experimentum*, c'est-à-dire pour une période d'essai. Dans l'assemblée un père du Foyer de Moresnet, en Belgique, le père Bastin, n'en croyait pas ses yeux. Il avait reconnu dans le prélat mandaté par Rome un jeune enfant qu'il avait côtoyé après la guerre en Allemagne. Ayant été mobilisé au titre du Service du travail obligatoire, une famille allemande l'avait soutenu et continuait à l'inviter pour les vacances. Il confia un jour cette situation à Marthe et lui dit son hésitation à y retourner : « Vous devriez y aller, répondit-elle, il se pourrait que dans ce petit village un enfant devienne un membre influent de la Curie romaine et il pourrait aider les Foyers de Charité. » À la sortie de la réunion, vérification fut faite. Le père Bastin, qui avait plusieurs fois suivi les suggestions de Marthe, demeurait silencieusement ému par la réalisation des desseins de Dieu auxquels il avait participé dans la foi et l'espérance.

Tout au long du développement du Foyer de Charité de La Flatière, Marthe m'a fait vivre dans l'espérance. Était-ce vraiment le dessein de Dieu d'établir un centre de retraites spirituelles en pleine montagne ? J'attendais la confirmation du Seigneur par la venue de membres laïcs qui viendraient renforcer notre communauté bien fragile en se donnant totalement au Seigneur. Nous ne savions pas qui viendrait se recueillir une semaine en silence dans nos chalets. Nous avions décidé de ne faire aucune publicité, l'œuvre de Dieu ne relevant pas de principes commerciaux. Certains nous mettaient en garde : nous étions perdus dans la montagne… inconnus dans l'Église. Mon émerveillement fut grand quand nous avons accueilli les dix premiers retraitants en juin 1955. Mon évêque fut heureux d'apprendre que dans les cinq retraites de l'été, cinquante personnes étaient venues. L'année suivante le chiffre avait doublé… Je ne voyais qu'une explication : Dieu est maître de l'impossible. Cinquante ans plus tard, Marthe continue à nous encourager dans l'espérance. Les retraites ont été multipliées, de même que les retraitants, et nous nous émerveillons devant les conversions en profondeur.

Quelques témoignages de personnes qui ont rencontré Marthe

De nombreuses personnes gardent avec émotion la profondeur de leur visite chez Marthe. Certaines ont bien voulu répondre à ma demande en toute simplicité, dans la discrétion et l'anonymat. Les réponses sont des plus diverses mais expriment toutes l'intensité et la résonance mystique au moins d'une phrase retenue lors d'une conversation bien naturelle et humaine par ailleurs.

Ainsi, une femme de quarante-six ans ayant une activité professionnelle intense m'a accompagné à la ferme de Marthe au cours de l'année 1978. Voici le récit de sa rencontre :

« Quelque peu impressionnée à la pensée de rencontrer Marthe, dans sa chambre obscure, j'avais demandé au père Ravanel de bien vouloir assister à notre entretien. Mais dès les premières minutes de cette entrevue, l'accueil de Marthe fut si simple et chaleureux que je me sentis en confiance et très vite une véritable discussion s'engagea entre nous. Celle-ci fut interrompue, par la suite, par le père Ravanel qui intervint pour nous rappeler que d'autres personnes attendaient leur tour pour rencontrer Marthe. Après une courte prière avec Marthe je me retrouvai dans le jardin de sa ferme. Ce n'est qu'à ce moment-là que j'ai pris conscience que je venais de discuter le plus naturellement du monde avec une personne dont l'existence était pourtant tout à fait "extraordinaire". Quelque peu troublée, je me pris à regretter de ne pas avoir su mieux profiter de ces instants privilégiés, où il n'avait été question que de moi, alors que j'aurais peut-être pu l'écouter me parler de choses surnaturelles. Mais son naturel, sa simplicité, sa lucidité, son bon sens et sa vivacité d'esprit m'avaient tellement mise à l'aise que j'en avais presque oublié "l'extraordinaire de la situation" dans laquelle je m'étais trouvée, discutant dans le noir, avec une personne que je ne connaissais pas, que je ne voyais pas !

Encore aujourd'hui, je regrette un peu d'avoir vécu avec tant de naturel cette rencontre avec une "sainte", sans avoir su profiter de l'occasion qui m'était donnée pour lui demander de me parler de Dieu et de la Vierge Marie qui remplissaient toute sa vie.

Mais m'aurait-elle partagé ce qu'elle vivait ? C'était son secret ! » (M.B.).

Un membre du Foyer de La Flatière :

« Nous étions venus à neuf personnes pour rencontrer Marthe à Châteauneuf-de-Galaure. À cette époque, le pape Paul VI avait autorisé la communion sous les deux espèces, du pain et du vin. Nous avions trouvé douze calices de dimensions diverses que nous placions sur l'autel. Nous souhaitions douze calices de même taille pour une plus grande harmonie. Nous en avons parlé à Marthe, sollicitant son avis... quelle matière choisir, cuivre, argent, or, terre cuite ou autre... "Pour Jésus, dit Marthe, il n'y a rien de trop beau, il faut de l'or, surtout à l'intérieur. J'ai même encore des médailles et des chaînes que je pourrais vous donner. Je connais un orfèvre à Lyon."

La conversation continuait sans trouver de solution. Marthe restait le plus souvent silencieuse et soudainement nous rappelait que "c'était tous les jours que nous buvions au sang douloureux de Jésus". L'heure était venue de nous séparer. Nous fûmes invités à dire au revoir à Marthe. J'étais tout près d'elle, souligna Odile, lorsque la dernière personne arrivait et je l'entendis dire à ce moment-là : "Ils n'ont donc rien compris, ce sont eux les calices" » (O.V.).

Un prêtre a bien voulu me confier combien Marthe l'avait soutenu tout au long de sa vie sacerdotale :

« En juillet 1955, première visite chez Marthe. J'étais alors vicaire. Je demande à Marthe de prier pour moi, elle me répond : "Vous comptez trop sur vos moyens humains et pas assez sur l'Esprit-Saint. Vous avez la foi théologique, mais ce qu'il faut demander c'est la foi et l'espérance théologale." Sous-entendu vous devriez prier un peu plus, mais elle ne me l'a pas dit. Plus tard, en 1972, avant de quitter Châteauneuf pour fonder un Foyer de Charité en France, le père Finet me proposa d'embrasser Marthe. Je l'ai embrassée sur le front et j'ai bien senti les traces des plaies de la couronne d'épines. En 1975, je me sentais bien pauvre et incapable pour faire vivre le Foyer de Charité dont j'avais la charge. "Soyez tout petit, tout petit, me dit Marthe. Ce n'est pas votre œuvre." Je l'interrogeais sur ma mission : "Vous ne serez pas un aumônier, ni un supérieur, vous serez un père." Et qu'est-ce que signifie "être un père" ? C'est celui "qui donne la vie divine aux enfants, qui les fait grandir par un don total de lui-même au service de la famille".

Plusieurs fois venu la voir pour être encouragé, j'ai retenu sa phrase : "Soyez tout petit, ce n'est pas votre œuvre."

En 1995, alors que la maladie et les interventions chirurgicales m'obligeaient à quitter le Foyer pour laisser la place à mon successeur, je me suis souvenu d'une phrase de Marthe : "Quand la Vierge Marie veut se servir de quelqu'un, il n'est pas rare qu'elle accepte qu'il soit réduit à zéro." *Deo gratias*, car toute cette épreuve me comble spirituellement » (P.I.).

Nombreux sont ceux qui ont le souvenir d'une personne à la fois profonde et souriante avec un sens aigu de l'humour. Elle savait dédramatiser les situations angoissantes par un paradoxe. Comme Jésus à Nicodème : « Tu es maître en Israël et tu ignores ces choses ! » (Jn 3, 10), elle avait l'art de faire réfléchir par un peu d'humour. Voici quelques exemples transmis par des membres de Foyer de Charité.

« Lors de ma première retraite à Châteauneuf, à vingt-deux ans, j'avais reçu des grâces de conversion et de présence de Jésus vraiment marquantes. Je fus reçu pour la première fois par Marthe et je me mis à pleurer en parlant de Jésus et des grâces de la retraite. J'étais très ému. J'avais peur de l'après-retraite. "Marthe, pourvu que je ne perde pas Jésus après ma retraite !" Elle me répondit avec force et en riant : "Jésus, il ne se perd pas comme un mouchoir !"

Lors d'une autre visite à Châteauneuf je dis à Marthe : "Vous savez, Marthe, je n'arrive pas à souffrir comme vous, je suis bien misérable dans ma souffrance." Marthe me répondit doucement : "Quand on souffre, on souffre, c'est après que l'on offre." J'ai compris qu'il fallait essayer d'offrir. J'ai pensé que Marthe était pleine d'humanité et de bonté pour me dire cela à moi, pauvre petite. Et, à la fin d'une autre rencontre, je dis affectueusement à Marthe après avoir prié avec elle : "Puis-je vous embrasser aujourd'hui, Marthe ?" Dans un gémissement qui m'étreignit le cœur elle m'avoua : "Je souffre trop aujourd'hui." Je compris que Marthe souffrait dans tout son corps et me gratifia d'un Dieu plein d'amour surnaturel. Un jour, le père Finet nous raconta toute la construction du sanctuaire de Châteauneuf, précisant tous les achats de matériaux qu'ils avaient faits en Europe : pierre d'autel, marbre, etc. Marthe le laissa expliquer tout cela et sa fierté que ce sanctuaire ait "les dimensions du monde". Puis, coquine, elle intervient joyeusement : "Mais le tabernacle, lui, est français !" » (S.P.).

Le père Renirkens, prêtre belge qui était missionnaire à Shanghai en 1950, fit un récit bouleversant. Arrêté par les services de sécurité de Mao, il dut affronter douze mois de cellule durant lesquels le raffinement des tortures chinoises ébranla définitivement ses nerfs. On voulait lui faire avouer qu'il était un espion de la CIA. Rentré totalement épuisé en Europe, un ami l'emmena faire une retraite spirituelle à Châteauneuf. « Si on doit me parler encore de souffrance et de la Croix du Christ par des personnes qui n'ont jamais réellement souffert, je partirai. » Il ressortit épanoui de sa visite à la ferme. Le rire de Marthe l'avait enfin libéré de son effroyable angoisse. Il nous confia qu'elle l'avait interrogé longuement et avec précision sur la Chine, ses constructions, ses toitures, etc. Il finit par lui demander : « Marthe, avez-vous déjà été en Chine ? » Un long silence puis la petite voix fluette dit : « Jésus est aussi en Chine… »

Parmi les multiples vocations sacerdotales qui ont trouvé compréhension et appui auprès de Marthe, plusieurs en ont fait confidence. L'un d'eux est devenu prêtre :

« En 1972, j'ai fait une expérience malheureuse dans un séminaire. J'en suis sorti rapidement mais je restais avec la question de mon avenir et la façon dont je pouvais offrir ma vie au Seigneur.

Tout naturellement, j'ai pensé à Marthe. Ce que j'avais entendu d'elle me faisait espérer un conseil ou un encouragement. Je me suis donc inscrit à la retraite de fin février 1973 à Châteauneuf, prêchée par le père Finet. Au cours de la retraite, je me suis rendu chez Marthe. Je me souviens avec précision des recommandations du père : "Vous entrez, vous direz bonjour Mademoiselle et quand on frappera à la porte c'est vous qui mettrez un terme à l'entretien. Elle proposera alors de prier avec vous avant de vous quitter..." Le soir du rendez-vous est arrivé. La montée à la Plaine avec d'autres retraitants, un tout petit plan remis au chauffeur, l'attente dans la cuisine derrière le fourneau et un membre du Foyer appuyé sur la table et qui dormait...

La rencontre a été bien simple. J'ai dit à Marthe qui j'étais, ce que je venais de vivre au séminaire, mon métier de comptable que je venais de démarrer. J'ai surtout exprimé avec beaucoup d'insistance le fait que je voulais donner ma vie au Seigneur, mais avant cela je me donnais un délai de travail. "Marthe, je vais travailler pendant dix ans." C'est alors que de l'obscurité m'est parvenue sa réponse : "C'est bien de vivre au jour le jour mais c'est tellement plus beau de vivre la minute présente que le Seigneur nous donne." De mes projets à long terme, j'étais ramené à l'aujourd'hui de Dieu... En juin 1997, après un long temps de maturation, j'étais ordonné prêtre » (D.M.).

Après bien des épreuves, un jeune homme s'est consacré à l'œuvre des Foyers. Son témoignage se présente en plusieurs étapes :

« Lors de ma première visite à vingt-trois ans, j'avais des difficultés à croire en l'amour de Dieu. Lors de ma première retraite, dix minutes m'étant offertes pour cette rencontre, j'ai fait part à Marthe de ma difficulté de croire en l'amour de Dieu pour moi et je lui ai demandé si elle voulait bien prier pour moi. Elle m'a dit oui et le ton de son oui manifestait clairement qu'elle priait pour moi. J'ai alors interprété ce oui comme lié à son union au Christ du jeudi soir au vendredi soir. Entre vingt-trois et vingt-sept ans, je fis plusieurs visites à Marthe pour lui dire que je recherchais ma vocation. Sa réponse immédiate a été de me dire avec un ton qui exprimait la certitude qu'en suivant l'Évangile je serais immanquablement éclairé. Fort de ces propos j'ai donc cherché ma vocation en demandant à Dieu de m'éclairer sur sa volonté… Ne trouvant pas, je suis retourné voir Marthe environ un an plus tard pour lui dire que je n'avais pas trouvé ma vocation et lui ai rappelé naturellement ce qu'elle m'avait dit à la visite précédente. Elle m'a coupé avec un ton exprimant la fermeté en disant : “Oui,

Dieu nous exauce... mais dans la mesure de notre fidélité" » (M.B.).

Voici le témoignage d'un couple d'une cinquantaine d'années qui a été accepté par Marthe comme membres du Foyer.

« En 1973, nous perdons dans un accident de voiture notre seul enfant, notre fils de vingt-trois ans. Beaucoup de douleur mais aussi beaucoup de grâces, le Seigneur était là, tout proche. Ce désir de nous donner que nous avions déjà tous les deux dans notre cœur depuis longtemps est devenu de plus en plus pressant. Le père ne voulant prendre seul la décision de nous accueillir au Foyer de Charité, il nous a emmenés voir Marthe. Il lui posa la question : "Peuvent-ils entrer au Foyer et faire partie de la communauté ?

— Oui, bien sûr, répond Marthe, mais je ne veux pas deux célibataires, il faut qu'ils restent un couple. Il leur faudra un petit appartement à moins que l'homme ne veuille aller dans un monastère et la femme dans un autre », et sur ce elle éclate de rire.

Marthe était joyeuse, toute simple et tout de suite nous nous sentions à l'aise et en confiance. Elle savait nous entraîner dans la foi. Très éprouvée par la mort de mon fils, je tenais à savoir si ce dernier était heureux. Tout simplement, je pose la question à Marthe : "Madame, il faut avoir la foi, croire qu'il est heureux, il est avec Jésus et Marie."

Cela fait maintenant trente ans que nous sommes heureux au Foyer et nous en remercions tous les jours le Seigneur. »

Pour étoffer la richesse de la personnalité de Marthe, voici un florilège de témoignages divers :

« "Il convient de prier sans cesse", disait Marthe. J'ai eu le bonheur de la rencontrer plusieurs fois, la première en 1963. Elle m'a simplement déclaré que j'entrais dans une famille (en rentrant dans un Foyer de Charité). Lors de ses rencontres qui étaient pleines de respect et d'affection je me sentais devant quelqu'un qui était comme saisie par Dieu. Sa grande recommandation était de toujours prier. On ne priait jamais assez... rejeter le futile... repartir avec la parole que le Seigneur mettait dans notre cœur... » (I. M.).

Marthe nous incitait à vivre le moment présent en nous intéressant à notre travail quel qu'il soit :

« "Donnez-moi de vos nouvelles", disait Marthe en 1972. Je lui parle de la salle à manger des retraitants. Le père R. venait de trouver l'endroit pour une plus grande salle à manger. La partie supérieure du chalet qui datait de 1814 pouvait être transformée et offrir un espace plus large. Marthe me confia : “Qu'elle est belle cette salle à manger !” Je lui parlais également de l'achat d'un four à pain conseillé par un spécialiste en la matière. Marthe était très intéressée : “Le boulanger m'a dit que si l'on veut conserver quelque temps le pain il faut le mettre très vite en congélation. Un four à pain c'est bien mais certains mets ont besoin de cuisson à feu vif et d'autres heureusement à chaleur douce… comment allez-vous nettoyer les plaques intérieures du four ?” Puis je fais remarquer à Marthe que les Foyers de Charité ne sont ni des restaurants ni des casernes, ni même des couvents mais des familles. Plusieurs fois de suite Marthe me dit doucement : “Oui ! Mais ce sont vos autels.” Je finis par comprendre : “Oui, c'est là que vous préparez les repas fraternels d'amitié et d'échanges, de charité qui suivent le repas eucharistique” (O.V.).

Marthe vivait et demeurait en présence du Seigneur, elle nous recommandait de demeurer dans la foi :

« J'ai rencontré Marthe pour la première fois dans les années 50 au moment où je me posais la question de retourner en milieu ouvrier pour être au service des mères de famille ou de rester en montagne pour y vivre dans l'esprit de Nazareth en accueillant les personnes qui viendraient. Ayant choisi la montagne, j'ai rencontré Marthe plusieurs fois par la suite et j'ai constaté qu'elle ne s'imposait jamais mais, connaissant toutes nos difficultés, nous prodiguait des conseils judicieux. Elle insistait pour que je demeure dans la foi. Elle m'a confirmé dans la certitude que mes parents après des morts subites et tragiques étaient au ciel. »

Marthe prenait dans sa prière toutes les situations :

« Missionnaire dans une congrégation religieuse en octobre 1975, j'ai pris contact avec un Foyer de Charité de France où j'explique les difficultés devant lesquelles je me trouve. Après plusieurs années d'apostolat, la congrégation se dégradait. Arrivant au terme de mes vœux temporaires, j'étais dans l'obligation de prendre moi-même une décision pour mon avenir. Je confie tout cela à Marthe et au père Finet qui m'invitent à rencontrer l'archevêque de Lyon. Je compris alors que Marthe voulait bien s'intéresser à ma situation et qu'elle me prenait dans son intercession. Ainsi, devant la complexité devant laquelle je me trouvais, l'espérance a pu naître en moi et donner une signification à mes difficultés. Je remercie Marthe de sa compassion et de son efficacité dans la prière » (M.F).

« Vers l'âge de dix-sept ans, me racontait un jeune homme devenu depuis adulte, j'ai connu Marthe et le Foyer de Charité de Châteauneuf-de-Galaure. J'ai participé à sept retraites du vivant de Marthe, ayant eu à chaque fois la possibilité de la rencontrer. J'ai eu la sensation que Marthe avait conscience de mon passé, de mon présent et de mon avenir, que je comprends être dans la lumière du Saint-Esprit... Après un essai chez les petits frères de Jésus, je lui rappelle ma première idée d'entrer dans les Foyers. Sa réponse est catégorique : « un foyer missionnaire ». Elle me parle du Foyer de Bangui et du père Godard qui réalise beaucoup de constructions ou chapelles (dix-huit dans le cadre de la paroisse du Foyer), d'écoles, d'agriculture... On peut se dévouer. "Puisque le Seigneur vous a appelé, vous verrez, je prierai pour vous." "Vous avez travaillé avant ? Ce n'est pas du temps perdu." Elle semblait me dire que cela serait utile aux Foyers et ce fut le cas dans mes diverses missions » (R.R.).

« Avant notre engagement dans le Foyer, me confiait une autre personne, nous étions quatre membres accompagnés par le père Ravanel et nous avons pu rencontrer Marthe ensemble. Concernant l'engagement elle nous disait : "Oui, il faut s'engager, non seulement pour soi, mais aussi pour les autres. Nous nous engageons dans l'Église, l'Église s'engage avec nous. Il faut s'engager tout en restant laïque en étant membre du Foyer pour le meilleur comme pour le pire. L'Esprit-Saint veut réaliser en chacun de nos cœurs une nouvelle pentecôte d'amour [...]. Mes petites sœurs bien-aimées, je serai avec vous dimanche, j'y vais tous les jours. On se retrouve comme si on ne s'était pas quittées. C'est sans effort, car c'est dans le Christ." Marthe était et demeure pour moi la grande sœur dans la foi qui m'aide à élever mon esprit et mon cœur vers la Trinité, qui nous aide tous par sa prière et son intercession » (M.R.).

Pour clore ces témoignages, j'aimerais vous relater ce que plusieurs membres, les plus proches de la famille de Marthe, m'ont transmis. Ils ont tenu à demeurer dans la discrétion.

L'une d'elles fut élève à l'école fondée par Marthe en 1934. Elle a connu au cours de sa vie les diverses étapes qui ont caractérisé le développement du Foyer de Charité. Elle-même, par la suite, a été amenée à rendre de multiples services à l'école des filles. Lorsque les visites, de plus en plus nombreuses, faites à Marthe se terminaient, on l'appelait pour qu'elle vienne voir sa tante. Cette rencontre était tout empreinte de chaleur familiale. Marthe parlait spontanément avec elle, sans évoquer son approfondissement mystique mais s'intéressait à tous les membres de la famille dont elle demandait des nouvelles. C'était un moment profondément humain où Marthe en toute confiance se livrait à sa nièce qui goûtait particulièrement sa tendre affection.

Dans d'autres circonstances, son autre nièce vivait les mêmes sentiments réciproques et familiaux. On parlait selon la formule classique « de tout et de rien », heureux de partager une parcelle de sa vie. Marthe gardait en sa mémoire les noms des principales personnes qu'elle avait connues dans son enfance, ainsi que celles avec qui elle collaborait pour le bien de la paroisse, soutenant les uns et les autres. Il arrivait qu'on soumette à Marthe quelques problèmes délicats. Chacun écoutait avec attention sa réponse et s'empressait d'orienter sa recherche selon les intuitions qui venaient de lui être transmises.

Quant à son neveu, il garde en mémoire les promenades du dimanche qui souvent se terminaient en fin d'après-midi « à la Plaine ». La rencontre se déroulait simple et joyeuse dans une atmosphère de douceur familiale : nous étions « chez tante Marthe ». Chacun se sentait le cœur plein d'amour. On savait que tante Marthe priait beaucoup et qu'on pouvait lui faire confiance. Pour lui, Marthe était enracinée dans sa terre natale. Sa personnalité équilibrée et heureuse lui permettait d'affronter dans des conditions difficiles sa vie et celle du village. On comprend que le curé de la paroisse pût la considérer comme une authentique paroissienne.

VII

Marthe vivant dans l'intimité du Christ

MARTHE NOUS LAISSE LE SOUVENIR d'une immense espérance. Son contact nous plongeait dans l'univers de Dieu. Alors que dans le monde les relations sont superficielles, généralement marquées par la réserve, une certaine dureté, voire une agressivité sous-jacente, dans le Royaume de Dieu il en est tout autrement. C'est l'humilité, la douceur, la sérénité et la paix qui l'emportent. Saint Paul a éclairé les chrétiens de Galacie en leur précisant : « Or on sait bien tout ce que produit la chair (le péché, le monde) : fornication, impureté, débauche, idolâtrie, magie, haines, discorde, jalousie, emportements, disputes, dissensions, scissions, sentiments d'envie, orgies, ripailles et choses semblables – et je vous préviens, comme je l'ai déjà fait, que ceux qui commettent ces fautes-là n'hériteront pas du Royaume de Dieu » (Ga 5, 19-22).

Par contre il décrit l'atmosphère de l'Évangile de la manière suivante : « Mais le fruit de l'Esprit est charité, joie, paix, longanimité, serviabilité, bonté, confiance dans les autres, douceur, maîtrise de soi » (Ga 5, 22-24).

Marthe, vivant dans l'intimité du Christ, nous encourageait à suivre Jésus, par sa manière d'être autant que par ses paroles. Elle exprimait cette richesse spirituelle en étant douce et humble, vivant la pauvreté des Béatitudes et ayant un amour passionné du salut des âmes.

Marthe douce et humble comme le Christ devant Dieu

Qui es-tu, Seigneur ? Celui qui demeure invisible ne cesse d'être au-delà de nos raisonnements. Notre intelligence ne saurait étreindre totalement Celui qui veut bien se manifester à nous par la « Révélation ». Même dans ce cas, la lumière reste un « mystère » qui, à la fois, nous éclaire et nous laisse émerveillés par l'intensité de l'adoration. C'est par ce que Dieu nous a dit de Lui-même que nous sommes sûrs dans la foi de ne pas nous tromper, lorsque nous cherchons à le percevoir doux et humble suivant sa propre parole. « Venez à moi, vous tous qui peinez et ployez sous le fardeau, et moi je vous soulagerai. Chargez-vous de mon joug et mettez-vous à mon école, car je suis doux et humble de cœur, et vous trouverez soulagement pour vos âmes. Oui, mon joug est aisé et mon fardeau léger » (Mt 11, 28).

Marthe respirait la douceur et l'humilité lorsque nous la rencontrions. L'origine de ce comportement jaillissait de sa communion continuelle avec Jésus dans la prière, mais plus fondamentalement de la stigmatisation. « Veux-tu être comme moi ? » lui avait fait comprendre Jésus avant de la faire communier à sa passion :

> « Jamais je ne m'étais trouvée dans un état de si complète transformation en l'adorable Humanité souffrante et aimante de Jésus. [...] Cette véritable configuration en la ressemblance du sacrifice de Jésus Crucifié qui s'est faite par un mystique embrasement de l'amour divin [...]. On n'est pas assimilée à la Divine personne du Verbe, sans devenir un autre Lui-même. [...] Plus que jamais livrée à l'action transformante de l'Esprit-Saint » (Journal intime, 26 janvier 1932).

Marthe est pénétrée par la vision de Jésus humilié, prisonnier, torturé. À la racine de sa démarche spirituelle se trouve l'univers de l'humilité divine qui est l'expression suprême de l'Amour. Dieu répond à la haine par la puissance et la douceur de sa miséricorde.

Ainsi Marthe confiera à son curé combien l'humilité est un don qu'elle ne cesse de demander :

> « Ce soir je suis à bout, effondrée sous le poids d'une journée trop pénible [...]. Jésus, faites-moi sauveur avec vous [...]. Gardez-moi pour vous seul dans la simplicité et l'humilité » (Journal intime, 19 octobre 1930).

Elle écrira aussi :

> « L'humilité est la connaissance de soi en Dieu, la vérité est la connaissance de Dieu en Lui-même et en nous [...]. Je me sens toute noyée, toute perdue dans la lumière. Mon Dieu, plongez-moi de plus en plus dans la vertu d'humilité » (Journal intime, 25 janvier 1931).

Marthe a conscience que l'humilité est la condition absolue pour entrer dans le Royaume de Dieu et progresser dans l'intimité divine. De nombreux passages de son journal intime nous le rappellent :

> « Toute perfection est dans l'amour. Toute sainteté est dans l'humilité ! Mon âme est pleine des mystères, des ravissantes merveilles de l'amour divin ! Tout me parle d'infini » (Journal intime, 24 février 1930).

« Les âmes n'entreront au Ciel que simplement parées d'humilité. L'humiliation est le chemin de l'humilité comme la patience est celui de la paix » (Journal intime, 25 janvier 1931).

« On ne parvient au terme de l'Union parfaite que par la voie de l'humilité et de l'amour » (Journal intime, 12 janvier 1932).

« Plus tu es humble, plus sois humble en toutes choses et tu trouveras grâce devant Dieu. Car Dieu résiste aux superbes, mais Il donne sa grâce aux humbles » (Jc 4, 6) (Journal intime, 3 octobre 1931).

Dieu donne à l'âme d'être humble, c'est Lui-même qui garde Marthe dans l'humilité :

« Ne tremble pas, mon âme, Jésus t'appelle, va au-devant de Lui avec la plus grande confiance, la plus profonde humilité !... Que le Démon est donc un être horrible ! Cette pensée me fait demander à Dieu dans la plus profonde humilité et de toute l'ardeur de mon âme de m'accorder la grâce de l'aimer chaque jour davantage » (Journal intime, 8 août 1930).

« Il y a bien encore de temps à autre quelques petits contretemps, mais je ne crois pas qu'ils soient précisément un retard. Jésus m'a fait comprendre qu'Il les permettait pour me maintenir dans l'humilité tracassée d'ennuis. Ceux-ci ne sont-ils pas au contraire l'heureux présage de jours plus féconds ? » (Journal intime, 4 mars 1930).

« Je compte sur Lui sans cesse, assurée que s'Il me trouve chaque jour fidèle au degré d'humilité et d'amour où Il me veut, Il me sera Lui-même très fidèle jusqu'à la fin » (Journal intime, 20 février 1932)

« Tout Lui sert à Lui, pour faire progresser les âmes dans la sainteté quand elles gardent comme base solide l'humilité dans la plus parfaite charité » (Journal intime, 30 mars 1932).

Marthe vivait une intimité transparente avec Marie, l'humble Vierge, comme dira le Concile Vatican II. Marie va donc éclairer sa route.

« Mère chérie, rendez mon cœur profondément humble » (Journal intime, 8 septembre 1930).

« Pour comprendre la dévotion à Marie, il faut avant tout avoir l'attrait de l'humilité vu qu'il n'est rien d'extraordinaire dans sa vie, sauf sa présence sublime au Calvaire » (Journal intime, 7 novembre 1930).

« Ô Vierge ma tendre Mère, rendez mon cœur humble... Mettez pour Lui (le Christ que Marthe va recevoir dans la communion) de l'humilité partout » (Journal intime, 3 janvier 1930).

« La Sainte Vierge Marie n'a pas fait autre chose, sa vie n'est qu'un *Fiat*, plein d'humilité et d'amour. [...] La Sainte Vierge, c'est plus son humilité que sa pureté sans tache qui Lui a valu d'être Mère de Dieu » (Journal intime, 7 mars 1930).

« Marie est enfin la plus élue de la Trinité Sainte, la Parfaite Maîtresse, le moyen unique, très simple tout pacifiant de grandir en humilité et en amour... Toujours plus avant dans l'Intimité Divine » (Journal intime, 5 septembre 1931).

« Je compte sur ma Mère Bien-Aimée pour me garder plus que jamais humble et docile » (Journal intime, 7 septembre 1931).

Ces quelques citations montrent à quel point l'humilité divine imprègne la pensée et la vie de Marthe, qui, spontanément, dans le secret de son journal, la perçoit et l'exprime en toute simplicité.

Marthe douce et humble comme le Christ devant les hommes

Marthe, compte tenu de la qualité de son intimité avec Dieu, aurait pu hautement et spirituellement dominer ceux qui avaient reçu mission de la guider sur les voies du Seigneur. Son attitude fut exactement l'inverse. Ainsi aurait-elle pu prétendre au titre de Fondatrice. Jamais elle ne l'a revendiqué. Le père Finet, au contraire, nous confiait que l'on faisait pleurer Marthe quand on le lui attribuait. Pour elle, seul Jésus était Fondateur. Par contre, elle ne cessait de mettre en valeur le rôle du prêtre, considérant que sa mission personnelle était de prier et de vivre dans l'amour le mystère des souffrances rédemptrices du Christ. Cette attitude était de notoriété publique.

Nous savons par son journal intime que l'obéissance au père spirituel fut parfois très douloureuse et que sa démarche d'humilité ne fut pas sans souffrance :

> « Je dois cependant quand même l'immense peine, quand même les insurmontables difficultés que j'en éprouve, obéir avec autant d'humilité aux prescriptions du curé de Châteauneuf à qui mon Dieu m'a fait la grande

grâce d'ouvrir mon âme, que je mettrais de joie à ne le point faire s'il ne m'en faisait un pressant devoir » (Journal intime, 16 janvier 1932).

Il en va de même dans les rapports fraternels de Marthe avec ses proches, ses amis, ses visiteurs. Le premier aspect qui frappe est sa discrétion par rapport aux charismes. Elle aurait pu éblouir ceux qui venaient la voir. Il n'en était rien. Souvent elle laissait parler le père Finet qui assistait à la rencontre et n'intervenait que devant son insistance. Parfois elle savait répondre avec humour et une sagesse « rurale » qui laissait l'interlocuteur dans son interrogation. Ce fut le cas pour le père Manteau-Bonamy, expert au Concile Vatican II en théologie mariale qui relate le fait dans son livre *Hors de la femme point de salut* (Mame, 1991, p. 146). Il raconte que lors d'une entrevue avec Marthe entre Noël et le Nouvel An 1945-1946, à l'époque où il faisait une thèse de théologie sur « Marie Immaculée », Marthe lui avait dit : « De même que Marie n'est pas seulement Mère humaine comme une autre mère, mieux puisqu'Elle fut conçue sans péché ; mais elle fut avant tout la Mère de Dieu, elle est "la Divine Maternité" comme elle est "l'Immaculée Conception". »

Cette formulation, la même que celle du père Kolbe, qui ne fut publiée que bien plus tard, et que Marthe, matériellement, ne pouvait pas connaître, éclaire son charisme d'intelligence. Elle avait l'intuition mystique du Cœur de Marie et, par la suite, le père Manteau-Bonamy confiait que dans une nouvelle rencontre il lui avait demandé : « Pourquoi ne m'aviez-vous pas dit que ce que vous m'affirmiez en 1945 sur la Vierge Marie était du père Kolbe ? » Elle répliqua dans son parler paysan : « Eh ben ! voilà que les instruments revendiquent ! » À sa demande de pardon, pour toute réponse, il n'eut droit qu'à un léger petit rire. Ce qui aurait pu être évoqué comme une supériorité s'effaçait dans l'humble discrétion de Marthe.

De même, Marthe exprime son humilité dans son acte d'abandon du 15 octobre 1925. Elle ne met aucune condition à l'adhésion de son cœur à la Volonté divine, telle qu'elle se présentera. Marthe se « donnait d'une manière absolue, elle ne choisissait rien du tout ». Elle s'en remet donc aux décisions de l'Église et de ses représentants. Son regard sur elle-même la situe pauvre parmi les petits :

> « Je n'ai ni qualité, ni force, ni courage. Je ne suis qu'imperfection, que faible. J'ai Jésus pour soutien [...]. Seigneur Jésus, je le sais, je le sens d'autant mieux que je suis pauvre, malade et sans vertu... » (Journal intime, 5 décembre 1930).

Lorsqu'elle a commis une erreur elle le reconnaît volontiers. Dans les débuts du Foyer de Châteauneuf, une jeune fille avait décidé de quitter la communauté au bout d'un an. « N'aviez-vous pas estimé qu'elle avait la vocation ? » dit-on à Marthe. « Je me suis trompée », répondit Marthe en toute simplicité, libérant cette âme qui risquait le jugement réprobateur de certaines personnes (cf. témoignage d'un membre de l'école).

Lors de la crise de croissance des Foyers de Charité en 1980, un premier statut canonique était orienté vers la congrégation des instituts religieux alors que la tradition vivante était un laïcat engagé dans l'Église. Marthe Robin, assumant cette démarche qu'elle n'approuvait pas, disait simplement : « Nous nous sommes trompés de porte ! » Les Foyers de Charité furent accueillis au Conseil pontifical pour les laïcs.

Humilité dans ses réponses aux visiteurs comme beaucoup l'ont constaté.

Marthe vivait l'humilité fraternelle en accueillant des personnes de toute condition avec la même simplicité et la même qualité. Des milliers de prêtres, quelque cinquante évêques et supérieurs majeurs d'ordres religieux, vingt cardinaux ont été reçus avec sagesse, respect et confiance, indépendamment de leurs responsabilités dans l'Église.

De l'avis de tous, le timbre de sa voix, qui n'avait guère varié au cours de sa longue vie, respirait l'esprit d'enfance, la profondeur évangélique et la joie des humbles.

Marthe pauvre comme Jésus sur le plan matériel

La grande révélation de l'Évangile nous dit que Dieu parce qu'il est tout Amour se présente à nous sous les traits de Jésus. Le pauvre par excellence : « Bienheureux vous qui avez un cœur de pauvre, car le Royaume de Dieu est à vous » (Lc 6, 20).

Toute la vie de Marthe Robin s'est déroulée dans une petite chambre : 4,37 mètres sur 3,27 mètres, soit 12,8 mètres carrés avec une hauteur de 2,66 mètres sous plafond. Sa santé ne permettait aucun entretien (peinture, tapisserie, etc.). Elle a donc vécu dans un cadre matériellement pauvre : une armoire de campagne, une commode modeste ainsi qu'un vieux fauteuil hérité de ses parents, un petit divan qui lui servait de lit et qu'elle paya de son argent. Jamais elle ne demandera l'amélioration de son matelas qui durcissait au cours des ans. L'association du Foyer de Charité de Châteauneuf a acheté la ferme de 60 mètres carrés de ses parents et les 11 hectares de prairie.

Née dans une humble famille de la campagne, Marthe Robin savait qu'il fallait travailler pour gagner de quoi vivre. Bien que malade, paralysée des deux jambes, elle s'est efforcée jusqu'en 1929 de tricoter, de faire des broderies dont le produit vendu à Madame Bonnet ou à d'autres amies lui permettait de dédommager ses parents et de payer ses médicaments. Elle était très adroite, travaillait bien et ne voulait pas être à charge de ses parents. Elle demandait, un jour, si on pouvait lui procurer un peu de travail. Elle en fut très reconnaissante :

> « Je me rappelle que mon Père me taquinait, il me disait : "Marthe, ce remède que tu bois, est-ce toi qui l'as gagné ?" »

Par l'intermédiaire d'amis, elle se procurait quelques objets qu'à l'occasion elle vendait pour soutenir les œuvres de la paroisse. Devenue paralysée des mains en 1929, elle dut arrêter le travail :

> « Faudra-t-il donc pour toujours l'abandonner, mon cher travail de couture ? Je l'aimais tant cependant. Il me donnait encore un peu l'illusion de l'activité. Il était encore une raison de vivre ; et c'est lui qui m'a appris l'art tout divin du recueillement, ce trésor inestimable de la maladie et l'art non moins divin d'être

toujours joyeuse » (Journal intime, 10 mars 1930).

Sa maladie ayant par la suite atteint les centres nutritionnels, elle fut dans l'impossibilité de manger et de boire. Elle dira un jour avec humour :

> « Je n'ai rien coûté à mes parents puisque je ne mange ni ne bois depuis que je ne puis plus travailler. »

Ne gagnant plus d'argent, mais les visiteurs offrant de nombreux cadeaux et dons à la malade, ceux-ci quittaient rapidement sa chambre. Pauvre dans ses ressources, Marthe ne gardait rien pour elle. Dans sa pauvreté elle soutenait de nombreux prisonniers de guerre ou de droit commun, ainsi que les foyers de mission ou encore parents et amis.

Marthe a vécu la pauvreté de ceux qui sont démunis et qui cherchent à faire face à leurs dettes. Pour accueillir les retraitants il a bien fallu construire. Le père Finet et ses amis assumaient, au nom de l'association du Foyer de Charité, l'équilibre du budget. Mais Marthe se considérait comme moralement responsable. N'était-ce pas elle qui avait entraîné l'abbé Finet dans ce dessein de Dieu ? Nous savons par diverses lettres, dictées par elle, qu'elle participait activement aux soucis financiers du père Finet, constatant qu'elle-même n'avait plus rien à offrir sinon de prendre l'initiative d'écrire à des amis pour les supplier de venir en aide au Foyer. Devant les proportions que prenaient certaines réalisations qu'elle jugeait excessives, quelqu'un l'entendit s'exclamer avec humour : « Avec l'argent des autres que ne ferait-on pas ? »

Marthe nourrissait une attention toute particulière pour accueillir les personnes de condition modeste. Sa porte ne leur a jamais été fermée. Que ce soit dans les écoles, les retraites, la maison de personnes âgées, elle veillait à ce que les personnes de toutes situations puissent être reçues et qu'elles aient la possibilité de participer au banquet du Royaume. Habitant dans un pays financièrement riche, Marthe vivait très pauvrement selon l'esprit de l'Évangile : « En vérité, je vous le dis, cette veuve qui est pauvre a mis plus que tous ceux qui mettent dans le Trésor [...] de son indigence, elle a mis tout ce qu'elle possédait, tout ce qu'elle avait pour vivre » (Mc 12, 43-44).

Marthe, discrète comme Jésus sur le plan spirituel

La personne qui se laisse attirer par le Père se purifie en profondeur de la diversité des formes de l'égoïsme qui habitent en elle. Un dépouillement exigeant la conduit à une authentique pureté, son orgueil étant absorbé par l'Amour. Elle vit un cœur à cœur transparent avec Dieu. Ainsi en fut-il chez Marthe.

Disparaître devant la grandeur du Seigneur en s'efforçant d'obtenir la grâce sans que les visiteurs s'aperçoivent de rien :

> « J'éprouve une vraie peine à voir quelqu'un un jour de communion tellement j'ai craint de laisser paraître ou deviner à ceux à qui je parle les délices enivrantes qui m'inondent l'être. J'ai peur surtout d'être soudainement envahie par un ravissement, manquant de simplicité, de confiance bien sûr ! Mais que devinerait-on si j'étais tout à coup emportée par l'extase, moi qui voudrais tant que le grand secret de ma vie reste de tous inconnu » (Journal intime, 16 janvier 1932).

De même son grand désir est qu'on ne voie pas ses stigmates :

« Cette véritable configuration en la ressemblance du sacrifice de Jésus Crucifié qui s'est faite par un mystique embrasement de l'amour divin me laisse fort heureusement sans marques extérieures. À l'heure où sont tracées ces lignes les souffrances sont toujours très vives, à l'égal d'un feu me brûlant tout entière, mais plus vivement dans la poitrine, la tête, les jambes et les bras, tout en demeurant invisibles ; sinon les souffrances, du moins la marque des souffrances ! Vive Jésus ! » (Journal intime, 25 janvier 1932).

De fait, ne pouvant tolérer la lumière du jour depuis 1939 lors d'une récidive de la maladie qui a atteint ses yeux, Marthe Robin a dû vivre dans une pénombre telle qu'on ne voyait pas son visage. Certains ne l'ont découverte qu'à sa mort, le 6 février 1981. Répondant à son instante demande, le père Finet l'a protégée des médias. De rares articles sont parus avant sa mort et nous savions qu'elle souffrait lorsqu'on parlait d'elle.

Un jour, par délicatesse, je vins moi-même lui confier que je tenais à évoquer sa vie, sa prière à la fin des retraites, ne serait-ce que par reconnaissance. Elle me dit avec simplicité : « Moins vous en direz et mieux ce sera ! » Elle vivait ainsi la discrétion de Jésus à Nazareth.

Vivre la pauvreté spirituelle pour les mystiques, c'est accepter comme Marthe de franchir les abîmes intérieurs et d'expérimenter ainsi la transcendance de Dieu :

> « Quel singulier... quel craintif émoi éprouve la pauvre nature lorsque après une prière calme, apaisante, elle se sent tout à coup et fortement saisie, possédée par une flamme intérieure... Dieu fond sur l'âme... l'emporte... très haut dans une clarté délicieuse, éblouissante... L'âme a besoin et doit donc montrer ici une grande confiance, et beaucoup de courage pour s'abandonner... repousser ces craintes où l'on croit que la vie, la raison sont en danger. Ce qui arrête mes élans... c'est bien cela... j'ai peur à avoir à me jeter dans l'abîme » (Journal intime, 10 février 1930).

Marthe s'en remettait au discernement spirituel du père Finet pour les décisions qui lui revenaient en tant que responsable des Foyers de Charité. Comme je l'ai déjà souligné, jamais elle ne revendiquait son rôle de Fondatrice, estimant que sa mission était d'offrir et d'intercéder. Si grandes que fussent ses souffrances, elle vécut la crise de croissance qui secoua les Foyers de Charité en 1979-1981, comme les pauvres du psaume n'ayant d'armes dans la violence que sa totale confiance en l'Amour du Père, la douceur de l'Agneau qui assume le déchaînement de l'Adversaire. Ce dernier, se vengeant lors de la réconciliation de tous en novembre 1980, se déchaîna sur sa colonne vertébrale.

La stigmatisation fut une union transformante qui a brisé en elle définitivement toute forme de volonté de puissance, d'orgueil, de richesse égoïste, la laissant anéantie dans le seul Amour du Seigneur.

> « Il faut vraiment vivre dans l'amour de Dieu, et être réduit à l'inaction par la maladie pour sentir à fond son néant, son impuissance, sa misère… "Sans moi vous ne pouvez être." "Je suis Celui qui suis." Et Jésus affirme : "Vous n'avez rien que vous ne le receviez de moi"… Il m'a fait des grâces extraordinaires et la plus grande entre toutes, c'est d'avoir creusé en moi des abîmes immenses… c'est de m'avoir fait connaître et passer par tout cela. Lui, rien que Lui, peut remplir mon être et dilater mon âme » (Journal intime, 7 février 1932).

Le mystère de la pauvreté du Christ s'exprime dans l'anéantissement de l'Incarnation rédemptrice : « Il s'anéantit lui-même en prenant la condition d'esclave en devenant semblable aux hommes » (Ph 2, 6-7). Dans son intimité avec Jésus, Marthe Robin entrait les jeudis soir dans l'agonie du Christ et vivait l'anéantissement de la Croix, « se faisant obéissante jusqu'à la mort et à la mort sur la Croix ».

> « Alors que j'étais en adoration pour la réparation d'Amour aux pieds du Cher et Divin Crucifié, sans mouvement ni parole... aimant dans l'ardeur du silence... la douce et douloureuse image du Sauveur mourant se montrait à mon âme avec une précision, une netteté qui ne pouvait laisser l'ombre d'un doute » (Journal intime, 26 janvier 1932).

La pauvreté en Dieu n'est pas triomphe du mal et du néant. L'effondrement de la Croix est rayonnement du « Tout Autre ». La stigmatisation est à la fois évocation tragique de la souffrance du Sauveur rejeté par les hommes et joie divine indicible. Dans les notes intimes de son journal, Marthe exprime souvent des instants de plénitude, d'ivresse mystique qui font entrevoir qu'elle communie à l'authentique pauvreté divine.

> « Sainte Communion – Mon âme et mon corps tressaillent, ivres, ravis de joie dans le Dieu vivant, attirés en Lui comme par un aimant d'amour ! Et dans cette joie, cette union, cette possession qui n'est que délices, qu'ivresse, que défaillance d'amours vives, étreintes, épanchements intimes et familiers, anéantissement, effondrement de tout mon être dans une douceur, une tendresse infinies,

dans l'amour ineffablement pur, chaste et divin… Heureuse, bienheureuse l'âme de tout abandon ; parce que Jésus son Royal Époux qui se veut tout à elle, la veut toute à Lui… la veut toute pour Lui » (Journal intime, 2 février 1932).

Le mariage mystique, selon le témoignage de ceux qui l'ont vécu, situe l'âme dans l'intimité divine qui peut, après des appauvrissements successifs, des purifications profondes, accueillir la finesse de la lueur divine, la douceur de son souffle pour l'établir dans l'unité totale avec ce qui EST. Marthe a vécu plusieurs expériences de cette communion mystique qui l'ont conduite à la véritable pauvreté divine. Quelques confidences de Marthe au père Finet nous le précisent :

« Cette nuit a été particulièrement bénie par le Bon Dieu… Notre Seigneur y prépare à l'avance. La Sainte Vierge prend son enfant par la main et m'amène à genoux auprès de Notre Seigneur, Il demande à saint Jean et aux saints qui l'entourent s'ils approuvent […] le renouvellement de ce mariage mystique […] le Père parle à ce moment. Les paroles de Dieu se voient dans la lumière, elles n'ont pas besoin d'être entendues. »

C'est là que le Père redit que Marthe est sa fille bien-aimée…

> « C'est à ce moment que mon âme est vraiment unie à Notre Seigneur, où il lui dit le nom d'épouse bien-aimée... Il y a en quelque sorte un couronnement dans le mariage spirituel. Cette couronne mystique est apportée à la Sainte Vierge par saint Jean... Une alliance est mise à la main... Cette nuit c'est le Père qui l'a remise à la Sainte Vierge et Marie à Jésus et Jésus à Marthe » (Note du père Finet, jeudi saint 1941)

Plus tard, lorsqu'une personne lui demandera des précisions sur le phénomène de « l'anneau d'or » qui consiste à ce que le mystique croie avoir un anneau d'or à son annulaire, Marthe précisera qu'il convient de « dépasser » toutes ces manifestations divines.

Marthe atteint les sommets de l'intimité divine lorsqu'elle confie :

> « Mes impressions ne sont plus de ce monde... Je ne sais que Jésus, je ne veux savoir que Jésus ! Tout mon idéal de perfection, tous mes rêves d'avenir, c'est d'être identifiée au sacrifice de Jésus Rédempteur et stigmatisée de son Amour mais d'une façon tout intérieure, comme Marie la Vierge Martyre, et connue de Lui seul. J'aime tant cette voie toute faite de souffrances et d'amour et cette vie "toute cachée en Dieu avec le Christ",

trouvant en ma Mère bien-aimée, comme en Jésus, l'exemple le plus parfait en même temps que le plus imitable » (Journal intime, 14 mai 1932).

VIII

Le feu de la charité de Marthe

MARTHE, PLONGÉE DANS LE CŒUR DE DIEU, exprimera son Amour du Père en aimant tous ceux que le Seigneur mettra sur sa route, en allant jusqu'à l'extrême du don d'elle-même.

À l'origine de la qualité de son amour fraternel, il y a l'intensité de son expérience mystique du feu d'Amour de Dieu :

> « On n'est pas assimilée à la Divine personne du Verbe sans devenir un autre Lui-même. On n'est pas jetée dans le brasier consumant de l'Amour sans en ressortir renouvelée pour toujours ! » (Journal intime, 26 janvier 1932).

Le feu de la charité – amour des âmes

Ce feu de la charité, Marthe l'exprimera dans les multiples rencontres au cours desquelles elle accueillera quelque cent mille personnes, sans parler de sa famille, de ses neveux, de ses amis ou des membres de foyers.

Marthe a une attention particulière pour les âmes, c'est-à-dire pour le mystère de la relation particulière de chacun avec son Seigneur. Au-delà de l'intérêt qu'elle portait à la vie humaine, son amour fraternel atteignait dans un profond respect l'intimité de l'âme et de son Dieu. Forme suprême de la charité, Marthe avait la passion du « salut des âmes ». Elle avait conscience que le Seigneur lui demandait, comme à tout chrétien, de participer à son activité rédemptrice.

> « Ma vie est tout entière à Dieu pour les âmes ! Tout entière à Jésus Enfant, à Jésus agonisant et crucifié, à Jésus Hostie, pour l'amour des âmes... tout entière aux âmes pour l'amour de Jésus.
>
> Je brûle du désir immense de donner à tous, de communiquer à tous les flammes ardentes de mon amour pour Jésus, et pour Jésus Crucifié, et de la Charité infinie qu'Il répand en mon âme en faveur de chacun et de tous » (Journal intime, 25 décembre 1929).

> « Je voudrais que toutes les âmes sachent, qu'elles sentent qu'en cette matinée de fin d'année mon cœur demeure fixé sur elles pieusement et avec tendresse » (Journal intime, 31 décembre 1929).

> « J'ai soif de Jésus, de vivre de Jésus... J'ai soif de Lui donner, de Lui sauver des âmes. Et je sens que ma foi, mon ardente soif se développe au fur et à mesure qu'elle est comblée » (Journal intime, 17 janvier 1930).

Jésus aimait les siens en leur ouvrant le chemin vers le Père. Comme le Christ, Marthe aimait son prochain et l'aidait par son offrande sacrificielle à l'Amour :

> « Ô mon Roi ! Ma béatitude et mon tout ! Je Vous donne tout et avec joie, mais donnez-moi des âmes... chaque jour une âme. Que par ma vie toute de souffrances, de renoncement et d'amour chaque jour une âme soit sauvée du péril... que chaque jour une âme revienne à son Dieu... que chaque jour une âme s'abandonne à Jésus l'Amour inconnu.
>
> Que par le débordement de mon amour tout divin chaque jour une âme soit amenée à s'approcher des Sacrements, source jaillissante de lumière et de grâces ; Pain de Vie, Océan d'Amour qui purifie, sanctifie, divinise, béatifie les âmes par sa substance même. Mon Dieu, agréez ce désir, acceptez mon offrande, accueillez ma demande, exaucez ma prière.
>
> Mon Seigneur et mon Dieu ! Ce n'est plus une âme que votre petite victime vous demande, c'est tous les jours trois âmes ! Donnez-les-moi, pour que je Vous les donne.
>
> Votre Amour, ô mon Roi ! l'amour des âmes ! ne fait qu'un dans mon cœur... C'est

pour qu'elles se donnent tout entières à Vous que je me donne sans réserve pour elles.

Ô ma belle mission : expier, réparer, racheter les âmes !... Aimer et faire aimer l'Amour !

Mon Bien-Aimé, mon Jésus ! À votre très pauvre petite victime donnez-lui votre Cœur, ce n'est qu'avec votre Cœur que je puis recevoir et donner votre Amour » (Journal intime, 4 décembre 1931).

Le feu de la charité – amour des personnes

Marthe accueille toutes les personnes, quelle que soit leur situation religieuse : les agnostiques comme les croyants, les tièdes comme les convaincus, les cardinaux, les évêques comme les prêtres, les divorcés comme les mariés, les étudiants, les manuels, les intellectuels comme les ruraux, les citadins, les fonctionnaires comme ceux qui exercent une profession libérale.

Marthe écoute. Elle part dans l'univers d'un évêque et partage ses préoccupations apostoliques quand il vient lui confier ses soucis d'évangélisation. Un jour, elle accueillera le cardinal Villot, secrétaire d'État de Paul VI. Pleine de compréhension et de compassion, elle soutient, encourage les prêtres qui affrontent les difficultés de la nouvelle évangélisation. Parmi les laïcs, elle reçoit les enfants comme les vieillards, les malades comme les bien-portants, les Français comme les Européens, sans oublier les personnes qui viennent des cinq continents.

Marthe reçoit aussi les représentants ou les amis proches du pape. Ainsi, en 1940, le 5 décembre, visite à la demande du pape Pie XII du père Garrigou Lagrange. « Ce dominicain, professeur à l'Angelicum à Rome, de réputation internationale, était un peu sceptique sur le cas de cette stigmatisée, écrit l'ancien curé de Saint-Martin-d'Août, l'abbé Joseph Petit. Or, au retour de la visite qu'il lui rend, le savant homme est comme hébété. Il parlait tout seul sur la route et se disait : "Si tu pouvais ainsi parler de la Sainte Vierge..." Plus tard, peu avant sa mort on l'entendit dire : "Qui suis-je à côté de cette humble fille ?" »

L'adjoint immédiat de Paul VI, le cardinal Villot, vient lors d'un passage en France, le 4 mai 1967, parler longuement à Marthe. Le 17 septembre 1967 il écrira au père Finet : « J'ai souvent évoqué dans la prière ma visite à Châteauneuf. Permettez-moi de venir à nouveau et très intensément demander la prière de Marthe Robin. Je confie à Marthe les grandes intentions du synode et la santé du pape, mais aussi la charge que j'ai reçue personnellement. »

Un cardinal polonais très proche du pape Jean-Paul II écrira à Marthe Robin pour demander sa guérison. Elle lui répondra que le Saint-Père a aussi besoin de ses souffrances.

La visite des pères abbés de communautés contemplatives d'hommes venus auprès d'une mystique, n'est-ce pas un signe de discernement sur l'authenticité de la prière de Marthe ? Des pères abbés de vingt monastères sont venus voir Marthe. En voici une liste non exhaustive : Lérins – 10 avril 1947 ; abbaye Notre-Dame-de-la-Consolation en Chine – 28 septembre 1948 (son monastère a été détruit par les communistes : 33 pères tués) ; Clervaux (Luxembourg) – 23 avril 1953 ; Sept-Fons – 1er octobre 1953 ; La Pierre-qui-Vire – 1955-1958-1959 ; Toumliline (Maroc) – 12 janvier 1960 ; Saint-Wandrille – 16 mai 1963 ; Cistercien de Notre-Dame-d'Acey (Jura) – 14 septembre 1965 ; Orval – 21 décembre 1966 ; Cistercien de Saigon – 28 octobre 1968 ; Fontgombault – plusieurs fois de 1969 à 1976 ; Saint-Benoît-sur-Loire – octobre 1974 et septembre 1976 ; Champagne – plusieurs visites ; Hautecombe – 30 mai 1978 ; et bien d'autres…

Un écho, parmi tant d'autres, que nous avons actuellement de ces rencontres nous vient de la Grande Chartreuse. Le 9 octobre 1948, lettre du père Bernard Chastenet de

Giry : « [...] Cette visite au Foyer m'a été une occasion de véritable méditation... Devant l'inertie de l'humanité qui semble s'être stabilisée dans sa déchéance, il est bon que ces Foyers d'Amour Divin paraissent plus purs et plus ardents que sont les ordres religieux. »

De nombreux évêques sont donc venus voir Marthe. Certains ont explicité leur rencontre. Je prends le témoignage de l'un d'eux comme exemple. Monseigneur Arthur Elchinger, évêque de Strasbourg, m'écrivait le 14 mai 1987 : « Les faits remontent à quarante-cinq ans (puisque j'ai rencontré Marthe à 37 ans). J'avais été frappé par ce que j'appellerai la "modernité" (pour l'époque) de la spiritualité et des réactions de Marthe, luttant contre le légalisme étroit, un moralisme desséchant, un ascétisme purement philosophique. Il n'y avait rien d'artificiel, rien de "pieusard" dans ce qu'elle disait. C'était de l'authentique, avec un amour extrême de l'Église et un esprit filial envers le Seigneur d'une ferveur et d'une délicatesse inouïes. »

Elle était en communion avec les prêtres, en particulier avec ceux qui portaient en eux un souffle fondateur de communautés nouvelles et qui se situaient à la pointe des recherches apostoliques et missionnaires de l'époque telles que : pastorale et sociologie, centre de préparation au mariage, action catholique en Afrique du Nord, père de Foucauld, etc., fondateur de l'Anneau d'Or des équipes Notre-Dame 1944-1946, fondateur des Pères dominicains des campagnes, Mission de France, économie et humanisme, fondateur de la revue *Missi*, fondateur du Nid, fondateurs des Petits Frères, fondateur des Chiffonniers d'Emmaüs.

De 1941 à 1959, 596 prêtres étaient passés la voir.

Marthe était aussi en communion avec les animateurs des communautés nouvelles : les Petites Sœurs de Jésus, les Petits Frères du père de Foucault, les Fraternités séculières du père de Foucault, les Dominicains des campagnes, l'Œuvre de Saint-Paul à Fribourg, l'Institut séculier Caritas, la Mission de France, l'Anneau d'Or et le Nid, Claire Amitié, Foccolari, l'Arche de Jean Vanier, le Pain de Vie, le Lion de Juda et les Béatitudes, l'Emmanuel, Charismatique international et le Père Tardif, la communauté des moines de Jérusalem et tant d'autres…

Elle était en communion également avec les défavorisés. Paralysée, aveugle, elle pouvait comprendre les malades et prier pour eux, pour ceux qu'on lui confiait qui ne pouvaient venir jusqu'à elle. Tous les vendredis, dans le Mystère de la Passion, elle se savait prisonnière dans le Christ, condamnée à mort, exécutée… Sa compréhension pour les prisonniers fut constante. Son expérience mystique lui révélait l'angoisse d'être exclue de la société. Elle s'est faite accueil aux « oubliés ».

Marthe était toujours en communion avec :

– Les malades. Continuellement, année après année, sa correspondance comprend de nombreuses lettres adressées à des malades. Parfois, la malade guérissait, parfois, le Seigneur l'entraînait au ciel. Marthe compatissait de tout cœur. Je l'ai entendue pleurer à l'annonce de la mort d'une jeune maman. Un dossier a été constitué où sont présentées les guérisons miraculeuses, ou considérées comme telles du vivant de Marthe. De même, après sa mort, les cas miraculeux seront répertoriés.

– Les prisonniers. Nous savons l'activité de Marthe auprès des prisonniers de guerre de 1942 à 1944. Toute une correspondance évoque cette préoccupation qu'elle avait. Des aumôniers de prison se savaient soutenus. Des assistantes sociales des prisons se sentaient comprises. Les prisonniers lui écrivaient, de même que les mal-aimés. La correspondance de Thérèse Bonhomme et des gitans en témoigne. Marthe les portait tous dans sa prière, principalement les condamnés à mort.

Sa simplicité et son naturel dans ses relations sont évoqués par Gisèle Wirth et Gisèle Boutteville lors d'une rencontre en 1924 : « J'ai vu Marthe debout, elle gardait les vaches, ce n'était pas très loin de la maison… Elle nous a vus arriver. Elle est venue toute souriante vers nous, habillée sobrement en noir : "Je viens à la maison… vous allez prendre quelque chose." » On parla travail, on présenta Gisèle. Marthe fut étonnée de ce qu'une jeune fille de la ville daigne venir jusqu'à elle. « Avant de me dire cela, elle m'a regardée… ce regard je l'ai toujours… si profond que j'en fus troublée… j'ai baissé les yeux. »

Et, bien sûr, elle était en communion avec tous ceux qui, de près ou de loin, prêtres, laïcs ou consacrés, œuvrent dans les Foyers de Charité du monde entier. À ce jour il y a plus de soixante-quinze Foyers dans le monde.

Quant à moi, mon âme de prêtre est dans l'émerveillement car j'ai vu tout au long de mon existence l'œuvre invisible du Seigneur se réaliser peu à peu dans le silence de nos montagnes, par la prière de Marthe Robin, accompagnée par le père Finet.

« Ce que nous avons vu de nos yeux, ce que nous avons contemplé, […] nous vous l'annonçons afin que vous aussi soyez en communion avec nous », disait saint Jean dans sa première lettre (1 Jn 1, 1-3).

Comment ne pas dire avec Marie : « Magnificat » ?

Table

Cet ouvrage a été imprimé en France par

CPI
BUSSIÈRE

à Saint-Amand-Montrond (Cher)
en août 2011

N° d'édition : 388/06. – N° d'impression : 112613/1.
Dépôt légal : janvier 2008.
Suite du premier tirage